철학자의　걷기　수업

Vom Glück des Wanderns

by Albert Kitzler

© 2019 Droemer Verlag. An imprint of Verlagsgruppe Droemer Knaur GmbH&Co. KG
Korean Translation © 2023 by Prunsoop Publishing Co., Ltd. All rights reserved.
The Korean language edition is published by arrangement with
Verlagsgruppe Droemer Knaur GmbH Co. KG through MOMO Agency, Seoul.

철학자의 걷기 수업

두 발로 다다르는

걷기 수업

행복에 대하여

알베르트 키츨러 지음

유영미 옮김

푸른숲

한가로이 거니는 것은 무위에 해당하네.

아무것도 바라지 않음은 채워지기 쉬워라.

무욕은 힘이 들지 않으니.

옛 현자들은 그것을

진리를 캐는 방랑이라 불렀다네.

— 장자

차례

나는 40년 전부터 정말 열정적으로 걸어 다녔다. 내 인생철학의 대부분이 이렇게 걸어 다니면서 탄생했다. 내 인생철학이 뭐냐고? 기본적으로 동서양의 위대한 고대 철학자와 사상가들의 실천 철학과 지혜 중에서 내 경험과 어우러져 삶에 녹아든 것들이다. 좋은 삶을 살기 위해 우리가 알아야 하는 모든 중요한 것들은 고대에 이미 폭넓고 깊고 명료하게 성찰되고 표현되었다. 이런 사상과 지식은 우리 시대와 우리 삶에도 매우 중요하기에 개인적인 삶의 경험과 결부되어 지금까지 쓴 책들의 중심 소재가 되었다. 이 점은 《철학자의 걷기 수업》에서도 마찬가지다. 다만, 이 책에서는 많은 사람들을 행복하게 하고, 즐겁게 하는 여가 활동인 도보 여행에서 터득한 깨달음을 이야기하려고 한다.

말하자면, 넓은 의미에서의 걷기를 비롯해 보다 한정적인 의미에서의 도보 여행과 실천 철학 사이의 다양한 연관을 조명하려고 한다. 우리는 자연 속을 자유로이 누비는 활동에서 성공적인 삶을 특징짓는 요소들을 발견할 수 있다. 이것이 바로 많은 사람들이 즐겨 걷는 이유일 것이다. 이 책에서는 일상을 살아가고, 삶의 기쁨을 누리고, 인생의 도전과 어려움을 극복하는 일과 관련하여 걷기가 선사하는 유익한 점들을 찾아보려고 한다. 아마도 이 책은 걷기와 삶에 대한 명상이 될 것이다. 자연 속을 걷는 활동이 우리의 삶과 감정에 미치는 고요한 힘과 신비를 열어 보여주고자 한다. 말로 명확히 표현할 수는 없었어도 늘 예감했던 사실을 여러분은 명확히 이해하게 될 것이다. 신선한 공기를 마시며 근육을 단련하거나 그저 자연을 감상하는 것 이상으로 자연 속을 걸어 다닐 때 더 많은 일이 일어난다는 사실을 말이다. 나아가, 이때 삶의 본질을 더욱 잘 깨닫게 될 것이다.

감히 말하건대, 몸과 마음을 치유하는 데에 걷기만큼 유익한 활동이 없다. 따라서 이 책은 걷기, 자연, 삶에 대한 헌사이자 애정 어린 고백이 될 것이다. 내가 걸어 다니면서 경험했던, 앞으로도 오래도록 경험하길 바라는 그 행복한 시간과 체험에 깊이 감사하고 싶다.

들어가는 말
사색은 영혼의 산책

걷기와 생각하기에는 명상과 비슷한 무언가가 있다. 둘 다 길 위에 있는 존재의 형식이요, 우리 삶의 표현이자 모사이며, 삶과 죽음 사이의 여정이다. 우리가 한 걸음 한 걸음 내디딜 때마다 새로운 관점이 열리고, 한 곳을 떠나 새로운 장소에 발을 디딜 때마다 미지의 세계로 나아간다. 독일의 작가 리카르다 후흐의 표현처럼, 매 걸음마다 자연과 변화와 존재의 "신적인 힘"을 호흡한다.[1] 비록 우리가 어제나 오늘이나 동일한 존재라고 할지라도 계속적으로 전진하며 변화한다. 그 변화가 거의 눈에 띄지 않을 정도로 미미하더라도 말이다.

"삶은 매일 맞이하는 죽음"이라고 세네카는 말했다.[2] 무언가가 우리에게서 떠나가고 사라진다. 새로운 것이 생겨나 대신 그 자리에 들어오고 우리의 주의를 끈다. 산책하든 트레킹을 하든 천천히 어딘가를 걷는 일은 삶과 같다. 변화와 덧없음, 탄생과 성장, 피고 짐을 상징한다. 플라톤은 "따라서 이런 삶을 선택한 사람들은 소멸과 생성을 선택한 것이다"라고 말했다.[3] 바로 여기에 걷기와 생각하기의 철학적 접점이 있다.

물론 걷는 동안 철학에 대해 생각하는 사람들은 극히 드물다. 역시 이 책에서도 골머리를 썩이며 공부해서 이해해야 하는 학문 차원의 철학을 논하자는 것이 아니다. 철학^{philosophy}은 문자 그대로 '사랑하다^{philo}'라는 접두사와 '지혜^{sophia}'라는 단어가 결합해 '지혜에 대한 사랑'을 의미한다. 우리는 - 그 용어가 생겨났을 때 고대 사람들이 이미 그랬던 것처럼 - 지혜를 인간의 삶을 대상으로 하는 실용적인 지식과 연결하려고 한다. 실용적인 지식이란 지식만이 아니라, 실제 삶의 방식이다. 우리는 보통 지식이 많은 사람을 지혜롭다고 일컫지 않는다. 오히려 자신의 품위를 지키면서 다른 사람을 존중하고, 사적으로나 직업적으로나 힘겨워도 여러 가지 과제를 잘 감당해내는 사람을 지혜롭다고 한다. 지혜는 지식이자 능력이다. 즉 지식을 매일의 삶에 적용하는 것이다.

"지혜로운^{wise}"이라는 단어는 고대 그리스 시인 호메로스의 글에서 가장 처음 사용되었는데, 그 의미는 '무언가를 잘 아는'이라는 뜻이었다. 호메로스는 배를 건조하는 장인의 기술을 묘사하는 데에도 이 단어를 사용했다. 그러므로 지혜롭기 위해 많은 책을 읽을 필요는 없다. 삶의 모든 측면을 주의 깊게 관찰하고 이해하는 법을 배운다면 어디에서든 삶의 지혜를 얻을 수 있다. 플라톤이 7명의 현자 중 한 사람으로 꼽는 뮈손은 순박한 농부였으며 글을 읽거나 쓰지 못하는 사람이었던 듯하다.

나 또한 훈스뤼크 작은 마을의 농부였던 삼촌을 통해 지혜로운 삶에 관심을 갖게 되었다. 그는 항상 평온한 표정으로 자주 쾌활히 웃었으며, 늘 겸손하고 자족하셨다. 또한 누구든 배려하고 이해하셨다. 이런 태도는 학교 혹은 책에서 배운 것이 아니었다. 그는 자연을 벗하며 농사를 짓고, 늘 자신과 주변 사람들의 영혼을 관심 있는 눈길로 살피는 가운데 이 모든 삶의 지혜를 보고 배우셨다. 훗날 나는 다른 지혜로운 사람들을 만나면서도 그들의 깊은 지혜가 책을 읽어서만이 아니라, 자연의 법칙과 인간의 삶을 주의 깊게 관찰한 데서 비롯되었다는 것을 깨달았다.

지혜는 우리가 자기 자신, 세상, 주변 사람, 자연과 어떤 관계를 맺고 살아가는지와 깊은 연관이 있다. 자연은 우리의 내면을 형성하고, 우리의 외부를 둘러싸며 여러 방식으로 끊임없이 우리에게 영향을 미친다. 자연은 우리 생명의 원천이다. 자연 속에 있으면 우리는 마치 자신의 근원에 가까이 있는 듯한 느낌이 든다. 이런 근원은 우리의 생명 그 자체이며, 개성이자 기본 조건, 진실이자 지혜다. 우리는 자연 속을 걸을 때 이런 근원에 다가가고 이를 경험한다. 자연 속을 걷는 일은 걷기와 지혜, 우리 삶의 철학을 연결해준다.

누구나 가지고 있는 삶의 철학은 비단 세계관만을 뜻하지 않는다. 인격과 개성을 계발하고 가꾸고 형성해나가는 일까지 포함한다. 이것은 동서양을 막론하고 고대 실천 철학의 중심이었다. 고대 실천 철학은 행복과 불행은 자신의 마음에 달려 있으며, 좋은 삶을 살아갈 수 있는 기술은 기본적으로 우리가 자기 자신과 맺는 관계에 바탕을 둔다는 믿음을 명백하게 보여준다. 자신과 어떻게 관계를 맺는지에 따라 주변 사람이나 세상과 맺는 관계도 상당히 달라진다. 우리가 자기 자신, 다른 사람, 세상과 잘 지내면 평안하고 좋은 삶을 살아갈 수 있다.

고대 사상가들은 인격 계발의 목표인 성공적인 삶을 "자연에 따라" 사는 삶이라고 했다. 그렇다면 자연에 따라 산다는 건 무엇일까? 고대 사상가들은 우선 우리를 둘러싸고 우리에게 영향을 미치고 우리 안에서 숨 쉬는 자연을 존중해야 한다고 보았다. 또한 자연을 느끼고 받아들이고 따라야 한다고 했다. 우리의 사고방식이나 생활 방식이 외부 자연의 지배적인 힘, 리듬과 배치되지 않아야 한다고 여겼다. 자연을 해치면 우리 자신을 훼손하는 것이라고, 자연의 리듬과 맞지 않는 삶을 살면 머지않아 곤경에 빠진다고 말이다. 우리는 피곤하면 자야 한다. 또한 봄에는 다른 계절에 비해 더 활동적으로 변하고, 겨울에는 더 사색적으로 변한다. 물론 예외적인 경우도 있다. 그러나 때때로 계절과 어긋나는 날씨가 나타날 때를 생각해보면, 예외마저도 자연 법칙의 일환이라 할 것이다.

고대의 현자들이 말한 "자연"은 위에서 언급한 우리 외부의 자연뿐만 아니라, 우리 내부의 개인적인 자연을 의미하기도 한다. 사람마다 재능, 소질, 어떤 대상에 대한 호불호, 성격 등이 다 다르다. 자신의 이런 특성들을 고려하고 맞추지 않는다면, 우리는 스스로에게서, 즉 "자기 자신의 자연"으로부터 소외되고, 고통스럽게 살 공산이 크다. 만약 여러분이 자기와 맞지 않는 일에 종사하거나, 맞지 않는 파트너와 함께 살거나, 마음속에 품은 열망이나 욕구를 실현하지 못하면, 자기 자신으로 살아가고 있지 못한다고 느낄 것이다. 고대 사상은 "자연에 맞게 살라"는 요구로 그런 소외현상을 막아내고자 한다. "너 자신이 되라." 고대 그리스의 시인 핀다로스는 말했다.[4]

외부 자연과 내부 자연은 여러 면에서 서로 영향을 미치고, 맞물리고, 서로를 제약한다. 이 두 자연은 인생을 성찰하는 일과 자연 속을 걸어 다니는 일을 연결한다. 우리가 이를 과히 의식하지 못할지라도, 우리는 마음 깊숙이 인간의 삶과 자연이 본질적으로 연결되어 있다는 사실을 느낀다. 그래서 자연을 찾고 또 찾는다.

걷기의 즐거움이란 목적 없음을 향유하는 것

이 책에서 이야기하는 걷기란, 특히 숲·해변·산 등의 자연을 걸어 여행하거나 긴 산책을 하는 일 혹은 순례길을 걷거나 여러 날에 걸쳐 트레킹을 하는 일을 뜻한다. 나는 이를 간혹 '도보 여행'이라는 말로 표현하기도 했다. 이 모든 걷기의 공통점은 자연과 직접적으로 접촉하면서 호기심 어린 눈으로 주변을 살피게 되며, 걷기가 선사하는 리듬을 고스란히 느끼고, 걸으며 떠오르는 생각을 흐르게 한다는 점이다. 이런 형태의 걷기는 그 자체로 목적이 된다. 이렇게 걷는 동안 우리는 어떤 목표를 추구하지 않는다. 어떤 장소에 이르러 볼 일을 보려는 것이 아니다. 걷기 외에는, 걸어서 자신에게 이르려는 것 외에는, 몸을 움직여 한 구간을 걸으면서 주변의 인상, 풍경 또는 날씨를 느끼거나 날씨에 굴하지 않는 것 외에는 다른 목적이 없다. 중국 전국 시대의 사상가 열자는 "어딘가를 걷는 일의 즐거움은 바로 목적 없음을 향유하는 것이다"라고 했다.[5]

걷기의 본질적인 특징은 바로 일상을 잠시 멈출 수 있다는 점이다. 아침부터 저녁까지 목적 지향적 활동으로 우리를 꼼짝 못 하게 하고, 종종 우리의 생각과 감각마저도 잠식해버리는 일상 말이다. 잠시 시간을 내 공원이나 산책로를 걷는 것만으로도 우리는 기계와 같은 삶에서 빠져나올 수 있다. 속으로 늘 해야 할 일을 생각하고, 끊임없이 무언가를 계획하고 조직하고 처리하고 준비하는 삶에서는, 쉬는 시간이나 여가 시간에도 일거리에 대한 생각이 계속 머릿속에 맴돌기에 제대로 쉴 수가 없다.

우리는 익숙한 생각, 습관, 낯익은 주변 환경 등 일상에 꼼짝없이 매여 있다. 그저 걷기 위해 모든 일을 뒤로하고 목적 없이 나설 때, 비로소 쳇바퀴 도는 듯한 일상에서 빠져나와 익숙한 것과 거리를 두기 시작한다. 신경을 끄고, 속도를 늦추고, 내면을 들여다보고, 자신에게로 향한다. 우리는 앞으로 익숙함으로부터의 거리 두기가 평소와 다른 생각들을 불러일으키는 동시에 몸과 마음을 회복하고 살찌우고 강화하는 내적 과정의 시작임을 알게 될 것이다. 여기서도 걷기는 본질적으로 철학과 접점을 갖는다. 철학은 질문하고 호기심을 갖는 상태에서 시작하는데, 우리는 걷기를 통해서도 익숙한 사고와 확신을 의문시하고, 미지의 것을 밝히고, 새로운 사고와 상상의 공간들로 나아가기 때문이다.

물론 무작정 걷는다고 하여 반드시 삶에 대한 사색으로 이어지는 것은 아니다. 머릿속에서 그저 일상적 생각이 꼬리에 꼬리를 물고 이어질 수도 있고, 진부한 생각을 할 수도 있다. 뿐만 아니라, 다른 사람들과 함께 걸을 때면 자기 내면 깊숙이 침잠하기보다는 우연히 도마 위에 오른 주제로 가볍게 이야기가 전개되기 십상이어서 인생의 굵직한 문제에 대해 이야기하는 경우는 드물다. 그러나 여럿이 걸을 때도 간혹 속 깊은 대화가 이뤄지고 본질적인 사유가 전개되어 새로운 아이디어나 개념 또는 결정 등이 우리 안에서 여무는 과정이 발생한다.

그러나 대부분은 침묵 속에서 홀로 자신의 생각에 젖어 걸어갈 때 그런 일이 일어난다. 이때 우리는 자기 자신의 상황, 타인과의 관계, 자신을 힘들게 하는 것 혹은 큰 기쁨을 주는 것에 대해 사색하기 시작한다. 바로 이것이 실천 철학의 시작이다. 자연 속에서 걷는 일은 자기 자신과 함께하는 소풍이면서 자신만의 은신처를 소유하는 것과도 같다. 외로움에 힘겨울 때라면 오롯이 홀로 있는 것이 문제가 될 수 있다. 하지만 탄탄한 사회적 유대감에 기반한 채로 자기 자신을 숙고하고 성찰하고자 의식적으로 홀로 있음을 추구한다면, 이는 풍부한 힘의 원천이 될 수도 있다. 고대 중국의 경서인 《예기》에 이렇게 나온다. "홀로 있음은 내면이 안온한 상태다. 그래서 지혜로운 사람은 늘 혼자만이 간직한 것을 소중히 여긴다."[6] 우리는 자기 혼자만 간직한 것이 무엇인지 걷는 가운데 분명히 발견할 수 있다. 《예기》의 같은 부분에서 언급하고 있듯이, "우리가 나름의 생각을 하면서" 말이다.

나는 지금껏 많이도 걸어 다녔다. 여럿이 걷기도 했지만 대부분 혼자서 걸었다. 잘 닦인 코스를 걷기도 하고, 개발이 덜 된 길을 걷기도 했다. 산에도 즐겨 다녔다. 때때로 야트막한 언덕을 오르고, 낯선 도시도 걸어 다녔다. 여행도 꽤 다녀서 여행지 어디든 걸어 다녔다. 그렇다고 내가 여행에 정통한 프로 여행자나 등반가인 것은 아니다. 이 책 역시 여행 이야기는 아니다. 걷기에 적합한 길 혹은 다치지 않고 오래 걷는 법 등 실용적인 정보를 제공하지도 않는다. 그런 내용은 다른 책에서 익히 만날 수 있을 것이다. 이 책은 걷기가 삶과 어떤 관련이 있는지, 즉 걷기가 우리의 몸을 튼튼하게 해줄 뿐 아니라, 어떻게 인생을 풍요롭게 하는지, 어떻게 우리를 '올바른 길'로 인도하여 영혼을 강건하게 하고, 정신적인 성장을 이루게 하는지에 대해 천착해보려고 한다. 간단히 말해, 걷기와 실천 철학이 어떤 관계가 있는지를 살펴보려 한다. 나는 늘 둘 사이에 자세히 숙고해볼 만한 공통점이 많다고 확신해왔다.

특히 이 책은 동서양의 고대 실천 철학을 소개하려는 목표를 갖고 있다. 무엇보다 좋은 삶과 행복을 추구하는 철학 말이다. 철학적 모색의 과정이기에 때로는 머리를 굴려 궁리해야 할 필요도 있다. 피상에 머무르지 않고 새로운 것을 깨닫고자 한다면, 그 모든 다채로움과 풍요로움으로 본을 보여주는 자연처럼 우리도 넓어지고 깊어지고자 한다면 약간의 수고는 불가피하다. 인격은 어려움 없이 저절로 발전하지 않는다. 그러므로 읽는 중에 약간 막히는 부분이 있더라도 위대한 현자들의 생각을 따라가고자 노력해주길 바란다. 멈추지 않고 부단히 읽어나가는 과정에서 까다로운 점이나 의문점이 풀릴 것이다. 책에 수록된 인용과 해석은 우리 삶의 본질에 관한 것이다. 소크라테스가 간곡히 권면했듯이 자신의 영혼을 돌보는 일보다 더 중요한 일은 없을 것이기에, 현자들의 말뜻을 이해하려는 노력을 아끼지 않아야 한다.

그러므로 이 책은 한 번에 읽기보다는 여유를 가지고 천천히 읽으면 좋겠다. 읽는 도중에 수시로 책을 옆으로 밀어두고 특정 부분을 곱씹어보고 성찰하는 시간을 갖는 것도 추천한다. 무엇보다 스스로 생각하는 과정이 가장 중요하다. 그리스의 시인 헤시오도스는 "훌륭한 자는 스스로 모든 것을 깨닫는 자"라고 했다.[7] 나는 이 책에 동서양의 수많은 지혜를 인용했다. 모두 위대한 철학자와 사상가의 말로, 그 심오한 내용 덕에 수천 년 동안 잊히지 않고 살아남은 것들이다. 하지만 여러분에게 모든 문장이 똑같이 심금을 울리지는 않을 것이다. 그러므로 정말 마음에 와닿는 구절이 나타나면 거기에 밑줄을 치고 옆에다가 자유롭게 메모도 하라. 이런 말들을 앞으로 걷기의 동반자로 삼고, 이따금 이 책을 다시 들추어보라.

나는 대대로 전해진 지혜의 보고로부터 말이나 생각이 곧잘 떠오르곤 한다. 소크라테스, 공자, 부처와 같은 현자들은 좋은 친구가 바로 곁에 있는 듯 내게 귀중한 조언을 해주며 인생길을 동행한다. 그들의 통찰은 내게 구체적인 삶의 상황에서 무엇을 해야 하고 무엇을 하지 말아야 할지를 알려준다. 물론 늘 곧이곧대로 적용하지는 못하기에 종종 상황에 맞게 조율해야 한다. 하지만 내 머릿속에 쏙 박힌 문장들은 어떤 일을 숙고하고 결정하는 과정을 더 풍요롭고 수월하게 해주며 올바른 길, 최소한 좋은 길을 제시해준다. 여기서 비로소 지혜는 실용적인 목적을 달성한다. 삶의 과제를 극복하게 해주는 동시에 삶이 주는 선물을 깨닫고 누리는 데에 도움을 주는 것이다.

나는 이런 길을 발견해 무척 감사하다. 이 길은 나를 다른 사람으로 만들어주었다. 더 평온하고 너그러운 사람, 더 잘 자고, 덜 괴로워하고, 더 많이 웃고, 삶을 보다 즐기는 사람 그리고 이전보다 더 많이 걷는 사람으로 만들어주었다.

어떤 독자들에게 이 책의 내용은 그리 새롭지 않을지도 모른다. 이 책은 우리 삶을 주제로 하기에 삶에서 늘 제기되는 질문들, 오랜 세월 인류가 답을 찾고자 하는 질문들을 다루기 때문이다. 철학적 지식을 미리 알아둘 필요는 없다. 읽다 보면 반복되고 겹치는 내용도 있을 것이다. 나는 그런 부분들을 의식적으로 감수했다. 지혜로운 사고에는 많은 요소가 동시에 관련되기에 공교롭게 겹치는 지점이 내용을 더 깊이 이해하는 데에 도움을 줄 것이기 때문이다. 나는 누구든 이 책을 이해하고, 이 책을 통해 지속적으로 사고하고, 걷고 싶은 마음이 동하게끔 하려고 애썼다. 간혹 문장에 내포된 의미를 파악하려고 한 인용구 혹은 한 문단 전체를 곰곰이 되풀이해 읽어야 할 때도 있겠지만, 어딘가를 느긋하게 걸어본 적 있는 사람이라면 무슨 뜻인지 금방 알아차릴 수 있으리라. 어딘가에 처음 들어설 때 적절한 길을 찾으려면 때로 약간의 어려움이 동반되기도 한다. 그러나 우리를 좀 힘들게 하는 길이야말로 가장 좋은 길인 경우가 많다.

바깥 공기를 쐬면서 걸어 다닐 때면,
숲속을 걷거나 산을 오를 때면 난 느끼지.
내 마음에 리듬이 있고,
내가 그 리듬에 따라 생각하게 된다는 걸.
내 기분도 리듬에 맞춰 변한다는 걸.[8]

— 베티나 폰 아르님

1

산책 길, 삶의 길, 생각의 길

나의 삶은 방랑이 되어야 하리.

─괴테

걷기와 실천 철학이 얼마나 밀접한 관계에 있는지는 우리가 쓰는 말에서도 표시가 난다. 걷기란 기본적으로 길을 따라 걷는 일을 뜻한다. 글로 된 유산이 전해지는 모든 문화권에서 "길"이라는 말은 "걸어 다니는 길"과 "삶의 길"이라는 이중의 의미로 쓰인다. 구체적으로 말해, 공간적 차원에서의 나아감과 실존적 차원에서의 나아감, 신체적 의미에서의 나아감과 정신적 의미에서의 나아감을 모두 포함한다. 철학적 차원에서는 "생각의 길"이라는 의미가 추가된다. 그도 그럴 것이, 우리 삶의 길은 우리가 무엇을 생각하는지, 세상과 자신을 어떻게 이해하는지, 어떤 가치관이나 견해를 가지고 있는지에 상당히 좌우되지 않는가. 고대 인도의 경전 《우파니샤드》에는 이렇게 나와 있다. "그대의 생각과 마음을 지배하는 것이 무엇인가. 그것이 바로 그대 자신이다."[1] 크든 작든, 의식적이든 무의식적이든 우리의 생각과 상상으로부터 어떤 결정과 행동이 연유한다.

자, 이제 실천 철학과 지혜의 가르침에 대한 구체적인 질문으로 들어가기 전에, 길과 걷기에 대한 몇 가지 일반적인 사유들을 먼저 살펴보기로 하자. 인류의 역사와 철학, 종교에 길, 걷기가 어떻게 묘사되어 있는지를 말이다.

철학자들은 열렬한 걷기 예찬가인 경우가 많다. 걷기와 생각하기 사이에 유익한 연관성이 있다는 것을 파악했기 때문이다. 니체는 앉아 있을 때 떠오르는 생각을 신뢰하지 말라고 했다.[2] 키르케고르는 "걸으면서 날려버릴 수 없을 정도로 괴로운 생각은 알지 못한다"라고 말했다. 매일 산책을 즐겨 했던 하이데거는 《숲속의 길Holz-wege》, 《이정표Wegmarken》, 《언어로 가는 길Unterwegs zur Sprache》 등 몇몇 책의 제목을 통해 걷기, 길, 생각 사이의 연관성을 뚜렷하게 보여주기도 했다. 한편 아리스토텔레스와 제자들이 산책하면서 문답을 나눴다고 알려져 있지만, 실은 근거 없는 이야기다. 이 이야기는 아리스토텔레스 학파의 이름이 "페리파토스학파(우리말로 소요학파-옮긴이)"이고, 페리파토스peripatos가 '산책 길'이라는 뜻이었던 데에서 연유한 것으로, 훗날 생겨난 이야기로 보인다.

고대 문화에서 길이 지닌 이중적인 의미는 현존하는 가장 오래된 서사시인 《길가메시 서사시》에 이미 표현되어 있다. "길가메시, 그대는 어디로 가는가? 그대가 찾는 (불멸의) 삶을 그대는 발견하지 못할 것이다."[3] 기원전 2000년 이집트 문헌에는 이런 말이 나온다. "나는 그대 앞에 교훈을 펼쳐 보이고, 그대에게 삶의 길을 가르쳐주겠다. 그대를 고통 없는 길로 인도하리라."[4] 고대 중국 철학의 기본 개념인 도道는 흔히 "올바른 길"로 번역되는데, 이 한자는 '머리'를 뜻하는 글자 首와 '가다'라는 뜻의 글자 辶로 구성되어 있다. 도는 삼라만상의 길이자, 참된 인간으로 성숙하기 위해 "영적 방랑"을 완수해야 하는 인간의 숙명으로서의 "열린 삶의 길"을 의미한다.[5]

고대 인도의 요가 종류 중 하나로 마르가 요가라는 것이 있다. 마르가란 '길'이라는 뜻으로, 비유적 의미로서 구원의 길, 신체적·정신적 수련의 길을 의미한다. 부처는 팔정도八正道를 걸음으로써 세상의 괴로움에서 해탈할 수 있다고 했다. 팔정도란 좋은 삶을 위해 수행해야 하는 방법이다.[6] 부처의 금언을 모아 기록한 경전을 《담마파다》(흔히 《법구경》이라고 한다—옮긴이)라고 하는데, 담마는 '가르침'을, 파다는 '발' 혹은 '길'을 뜻한다. 힌두교는 인간이 악에서 점차 해방되어 좋은 인간으로 변화해가는 "길"에 대해 이야기한다.[7] 선불교에서 말하는 "부처의 길을 걷는 것"이란 바로 자신을 알아가고, 실천하고, 깨달음에 이르는 것을 의미한다.[8]

현존하는 가장 오래된 그리스어 문헌에도 "덕의 길"이 언급된다. 이 길은 돌투성이의 가파른 길로 시작되지만, 위에 올라가면 "수월하게 나아갈 수 있는" 평탄하고 쾌적한 경로로 전개된다.[9] 고대 그리스의 소피스트 프로디코스가 지은 우화인 〈갈림길에 선 헤라클레스〉에서 헤라클레스는 애쓸 필요 없이 쾌락으로 가득한 길과 힘들지만 고결한 길 사이에서 선택을 해야 한다. 예수는 〈산상 설교〉에서 두 가지 길을 이야기하며 마지막에 "나는 길이요, 진리요, 생명이다"라고 말한다.[10]

기독교 발원 이전의 시대에 이미 그리스와 소아시아에서는 신탁을 받고자 아폴론(그리스 신화에 나오는 예언·의료·궁술·음악의 신—옮긴이)과 아스클레피오스(그리스 신화 속 의술의 신. 아폴론의 아들—옮긴이)의 성지를 찾아가는 순례가 있었다.[11] 이것이 나중에는 성지순례로 발전하여, 순례자를 변화시키고 신께 더 가까이 가게 하는 죄 씻음의 길로 여겨졌다.[12] 《구약 성경》에서 길은 인간의 삶이 취할 수 있는 방향을 상징한다.[13] 이스라엘 구원의 역사를 보여주는 《출애굽기》에서 이스라엘 민족이 이집트를 탈출하는 과정은 신이 미리 정한 역사의 진행 과정을 의미한다. 유대교에서는 모든 율법과 관습 전체가, 즉 인간이 살아야 하는 방법이 길이자 변화로 묘사된다. 《코란》에서는 인간에게 "곧은 길"을 보여주고 이 길로 인도해 달라고 알라께 기도하는 내용이 나온다.

걷기, 신비로운 변화로의 참여

다양한 민족들의 종교적 관습에서 인간을 내적으로 변화시키는 신비로운 길이 있음을 확인할 수 있다. 이런 길을 걸어간다는 것은 변화의 신비에 참여한다는 뜻이다.[14] 우리는 길을 걸으며 변화한다. 예부터 일본에서는 육체적·정신적으로 성장해나가고, 심신이 온전히 균형을 이루도록 방해하지 않는 것을 "사람의 길"이자 운명으로 보았다.[15] 일본의 검도 창시자는 17세기 초 선불교의 영향을 받은 무도이자 인격을 성장시키는 방편으로서의 검도에 대해 다음과 같이 썼다. "공*, 그것은 길이다. 길, 그것은 공이다. 공에는 악이 아니라 선이 있고 지혜, 이성, 도가 있다. 그리고 공이 있다."[16] 여기서 '비어 있음'을 의미하는 공은 세속적인 집착에서 벗어난 내적 독립 상태를 말한다. 풀어 말하면, 무언가가 일어날 수 있고 자기 자신을 만날 수 있는 순간들에 열려 있는 상태다. 머릿속이 다른 생각으로 가득 차 있으면, 즉 "닫혀" 있으면, 계속 성장할 수 있는 여지가 없다. 오늘날 텅 비었다는 개념은 결핍을 의미하거나 부정적으로 인식되는 경우가 많다. 그러나 위에서 인용한 문장에서의 비어 있음은 긍정적인 상태다. 새로운 만남과 본질로 나아가기 위해 꼭 필요한 상태다.

이런 의미에서 멀리까지 걸어 떠나는 일은 변화의 사건으로 이해할 수 있다. 우리는 걷는 가운데 집, 고향, 지금까지의 삶, 익숙한 사람들과의 일상적 관계로부터 돌아선다. 이와 동시에 다른 어떤 것으로 향한다. 새로운 환경, 새로운 생각, 새로운 습관, 새로운 삶으로. 더 정확히는, 이미 우리 안에 있었으나 영혼 깊숙이 그늘진 곳에 숨겨져 있던 그런 삶으로, 바로 자기 자신에게로 말이다. 사색과 명상을 동반하는 걷기는 우리의 몸과 마음을 충만함으로 채우고, 이질적이고 부담을 주는 것을 떨쳐버리게 하며, 우리 안의 본질적인 것들을 하나로 묶는다. 걷기는 몸과 마음, 영혼을 강화하고, 이 모두를 온전한 개성으로 빚어낸다. 그리하여 우리는 보다 오롯한 존재로 거듭난다.

순례여행이나 수도자들의 유랑과 같은 기독교적 맥락에서의 길 떠남에서는 방랑과 변화, 출발과 떠남, 길 위에 있음, 내적 정화, 전인적 쇄신에 이르기까지, 영적 성장의 실존적 의미가 강조된다. 인간은 낙원에서 추방된 뒤, 이 세상에서 방랑자로, 이방인으로, "나그네로" 살고 있다. 빌헬름 뮐러가 가사를 쓴 슈베르트의 가곡 〈겨울 나그네〉에는 "나는 이방인으로 왔다가, 이방인으로 떠나네"라는 구절이 있다. 《성경》에는 이렇게 되어 있다. "여호와께서 아브라함에게 이르시되 너는 고향과 친척, 아비 집을 떠나 내가 네게 지시할 땅으로 가라."[17] 이 구절에서 말하는 '떠남'은 단순히 장소를 바꾸는 것이 아니라, 지금까지의 삶과 존재를 변화시키는 것을 의미한다. 인간은 충만하지 못했던 지금까지의 삶과 결별해야 한다. 오랫동안 고수한 가치와 태도를 바꿔 이전과 다른 사람이 되어야 한다. 마음속으로 동일시해왔던, 늘 동경해 마지않았던 그런 사람이 되어야 한다. 이런 내적 변화를 위해서는 외적인 장소의 변화가 필요하다. 더 넓은 세계로 정처 없이 나아가야 한다. 미지의 세계에서 방랑하는 시간이 반드시 필요하다.

"이 길 위에서만이 내가 나 자신이 되는 것을 막는 모든 것에서 자유로워진다. 방랑하는 동안에는 내가 연기하던 역할을 벗어던지고, 내 존재를 가리고 왜곡하던 가면을 벗어던져야 한다."[18] 수도자에게 이는 인간적인 구속, 사회적 지위, 가족, 재산, 습관처럼 지금까지 자신을 얽매고, 정의해왔던 그 모든 것을 포기하는 것을 의미한다.

특히 기독교 수도사들은 본연의 삶과 존재로 나아가기 위해 익숙한 것을 뒤로하는 일을 중요시했다. 그들은 무엇보다도 기존의 습관과 감정, 해오던 사고만이 아니라 내뱉던 말에서 벗어나야 한다. 하이데거가 말했듯이 "언어는 존재의 집"이기 때문이다.[19] 우리는 말하는 대로 생각하고, 생각하는 대로 존재한다. 우리의 생각이 곧 우리의 사람됨이다. 우리가 쓰는 말은 우리의 생각과 존재의 표현일 뿐 아니라, 반대로 우리의 생각과 존재를 변화시키기도 한다. 즉 우리가 말하는 방식이나 사용하는 단어도 우리 삶의 길의 일부이며, 삶의 길에 영향을 미친다. 예를 들면, 자기 주변 사람들을 나쁘게 말하고, 비하하는 표현을 자주 사용하는 사람의 마음속에는 차차 인간 전반에 대한 적대감, 증오감이 생겨나 굳어질 것이다. 기억하라. 가톨릭교회의 뛰어난 성직자 중 한 사람인 암브로시우스는 침묵과 고독을 지금까지의 세속적인 삶을 떠나 하느님께 이르는 길로 보았다는 걸.

이렇듯 길이나 방랑, 방황을 아우르는 걷기는 많은 문화권의 종교와 철학에서 중요한 은유로 제시되는데, 이를 통해 외적으로 길을 찾는 것과 내적으로 행복을 추구하는 것이 본질적으로 통한다는 것을 알 수 있다. 니체는 이런 상황을 더 첨예하게 표현하여, 인간 자신이 곧 길이라고 했다.[20] 인간은 길을 걸으며 끊임없이 변화하고, 진보하며, 나아가 성장하고, 성숙한다. 꽤 오랜 시간 걸어 다니다 보면 육체적·정신적 움직임을 온전히 느낄 수 있고, 사고 활동에 자극을 받는다. 또한 자기 자신을 반성하고, 현재 상황에 대해 비판적으로 조명할 뿐만 아니라, 그 안에서 기쁨, 새로운 아이디어, 삶의 계획이 떠오르는 순간을 경험한다.

나는 장기간 떠난 두 차례의 도보 여행에서 인생 최대의 전환점을 만났다. 청년 시절 프라이부르크에 있는 한 법률사무소에서 탁월한 동료들과 함께 별 불만 없이 일하던 나는, 서른한 살 되던 해에 남미로 1년 일정의 도보 여행을 떠났다. 당시 18~19세기 유럽의 유복한 집안 자제들이 했던 교양 여행을 막연히 꿈꿔왔었던 터라, 남미에 도착하자마자 아름다운 곳들만 찾아다녔다. 이곳저곳을 떠돌다가 저녁에 접어들면, 낯선 땅을 돌아다니며 느꼈던 생각들을 일기장에 끄적였다. 그중에는 다양한 주제의 수많은 철학적 성찰도 있었다. 나는 인생을 곰곰이 반추하고, 중간 점검을 했으며, 앞으로 어떻게 살아야 할까 자문했다.

그 여행에서 돌아왔을 때 나는 전과는 다른 사람이 되어 있었다. 보다 자유롭고 개방적이고 의욕이 넘치는 한편, 평온하고 안정된 상태였다. 나는 변호사 일을 그만두고, 무작정 베를린으로 떠나 영화를 만들기 시작했다. 경제적 어려움에 대한 두려운 마음도 있었지만 영화를, 소위 예술영화를 만들고 싶은 열망이 컸다. 영화는 내가 철학 다음으로 관심이 있었던 대상이었다. 열여섯, 열일곱 살 무렵부터 영화에 대한 열정을 키웠고, 그런 열정을 마음껏 펼쳐보지 못한 채로 생을 마치고 싶지는 않았다. 그렇게 12년간 나는 20여 편의 영화를 제작했다.

영화를 하던 시절은 힘들었지만 놀라울 만큼 의미 있는 시간이었다. 하지만 나는 다시 한 번 진로를 바꾸기로 했다. 그 무엇보다 철학에 대한 열망이 강했기 때문에 그때까지 성취했던 모든 것을 포기하고 다시 철학으로 인생의 방향을 틀기로. 나는 다시금 무(無)의 상태로 돌아갔다. 하이데거에 따르면, 이런 상태는 자기 자신을 발견하기 위한 최상의 출발 조건이다. 선불교에서 말하듯이 무와 공은 아무것에도 매이지 않는 내적 자유, 열려 있음, 외부의 압박 없이 스스로 결정할 수 있는 가능성을 의미하기 때문이다. 그 무렵, 나는 코르시카섬으로 2주간 도보 여행을 떠났고, 길고 고독한 방랑길에서 다시금 철학으로 인생의 방향을 선회하기로 결정했다. 2000년 전, 세네카는 코르시카섬으로 유배되어 8년을 머물렀다. 당시 로마인들에게 코르시카섬은 정말 끔찍한 장소였다. "야만인"이 사는 아무나 접근하기 힘든 "황야"였다. 하지만 내가 만난 코르시카섬은 아름다웠다. 그 여행은 잊지 못할 경험이면서 동시에 내 삶에 또 다른 원대한 변화를 일으킨 자극제가 되었다.

물론 철학으로의 전환은 어느 때보다 큰 경제적·사회적 두려움을 동반했다. 그러나 나는 이미 한 번 – 등산길에서는 몇 번 겪었던 것처럼 - 횔덜린의 정곡을 찌르는 말마따나, "위험이 있는 곳에 또한 구원도 자란다"는 사실을 경험한 터였다. 그 후로 내 결정을 결코 후회한 적이 없다. 철학을 더 깊이 있게 연구하고 전파하는 지금에 도달하기까지 25년 동안 내가 감수해야 했던 방황 혹은 우회처럼 보였던 일들도 마찬가지다. 그 역시 하나의 길이었다. 심지어 이제는 "올바른 길"이었음을 안다. 그것은 내게 꼭 필요한 경험이었다. 그런 경험이 없었다면 나는 결코 지금 이 자리에 이르지 못했을 것이다. 앞서 언급했던 핀다로스의 "너 자신이 되라"는 말은 니체가 한 말로 더 잘 알려져 있다. 하지만 핀다로스가 원래 한 말은 "경험에 근거하여, 그대 자신이 되라"[21]였다.

우회도 방황도 겪지 않고 목적지에 이르는 사람은 없다. 내 안의 쉬이 떨쳐내기 힘든 욕구가 나를 "우회로"로 이끌었다. 정상으로 곧장 이어지는 지름길은 없다. 걷다 보면 쉽게 통과할 수 없는 덤불이나 장애물과 만나는 때가 있기 때문이다. 목표를 향해 걷는 도보 여행의 길과 삶의 길은 굽이굽이 굴곡진 길과 우회로로 점철되어 있다.

내가 한 중대한 실존적 결정들은 길을 걷다가 내린 것이었다. 그 밖의 수많은 결심, 계획, 구상 들도 내 모든 방랑길에서 떠올랐고, 훗날 삶에 영향을 끼쳤다. 고대의 지혜를 가르치는 학교인 "MASS UND MITTE절도와 중용"를 세우자는 생각도, 학교 이름 자체도 이리저리 걷다가 떠오른 착상이었다. 사실 이 이름은 순전히 내가 고안

해낸 것은 아니다. "절도와 중용"이란 중국의 고전《예기》의 내용과
관련이 있는 단어다(예기는 의례·예절·관습을 다룬 책이다). 고대 지혜
의 정수가 담긴 이 말을 머릿속에서 지울 수 없었는데, 어느 도보
여행길에서 학교를 세우자는 결심이 무르익었을 때, 불현듯 이 이
름이 툭 떠오른 것이다.

걷기에는 행복에 대한 동경이 담겨 있다

나는 요즘 산책을 나갈 때면 바지 주머니에 스마트폰을 챙겨 나선
다. 걷다가 떠오르는 좋은 생각을 적어두기 위해서다. 걷다 보면 한
두 가지 좋은 생각들이 늘 떠오른다. 물론 매번 그렇지는 않다. 막
연하나마 혹은 그저 단편적으로나마 스쳐 지나가기도 한다. 아예
아무 생각이 나지 않기도 한다. 하지만 때때로 그렇더라도 걷기가
생각에 미치는 긍정적인 효과는 명백하다. 발길 닿는 대로 걸을 때,
정신은 잠자는 동안 꿈을 꾸는 일과 비슷한 작업을 하는 듯하다. 잘
때 꾸는 꿈이 비록 엉뚱하고 비약적이고 어수선해 보이지만, 꿈은
우리가 일상에서 겪은 경험이나 감정을 정리하고 청소하는 작업을
한다. 그리하여 긴 산책을 하고 나면, 숙면하고 일어났을 때처럼 신
체적으로 개운할 뿐 아니라, 정신적으로 회복이 되고 상쾌한 기분
을 느낄 수 있다.

길과 그 길을 걷는 일은 인격의 계속적인 성장을 상징할 뿐 아니라, 새로운 깨달음의 습득, 지식과 관점의 확장, 그리고 성격을 빚는 여정이기도 하다. "두루 돌아다닌 사람"은 곧 많은 것을 보고 들으며 여러 경험을 쌓은 사람이다.

그리스인들에게 지혜로운 인간의 이상형이었던 오디세우스의 "방황"을 이야기하는 호메로스의 위대한 서사시 《일리아스》는 이렇게 시작한다. "뮤즈여, 많이 돌아다닌 남자의 행위를 말해주오."[22] 인간은 이곳저곳을 걸으며 자란다. "낯선 환경에서 우리는 자신의 본질에 가까운 것을 더 확실하고 명료하게 알게 된다"라고 카프카는 말했다. 독일에는 "그 길이 맞는지 알려면 그 길을 걸어봐야 한다"는 속담이 있으며, "길을 잃었을 때 그 길을 알게 된다"는 투아레그족(사하라 사막에서 유목 생활을 하는 베르베르인의 한 종족—옮긴이)의 옛말도 있다. 독일의 작가 쿠르트 투콜스키는 어딘가를 헤매고 우회하면 "그 지역을 더 잘 알 수 있다"라고 말했다. 그것이 틀린 길이라 "막다른 길에 이를지라도 그런 길들은 종종 더 광대한 전망을 제시하고, 새로 조망하게 하고, 방향을 잡게 해준다."[23]

플라톤은 새로운 인식을 얻고자 어떤 일에 파고들어 깊이 천착함을 의미하는 개념을 만들기 위해 '길'을 뜻하는 그리스어 호도스hodos를 처음 사용했다. 영어에서 '방법'을 뜻하는 단어 method는 '~ 다음에', '~을 넘어서'라는 의미의 접두어 meta와 '길'이라는 의미의 hodos가 결합된 말이다. 우리는 길을 지나서야만 통찰에 이를 수 있다. 아리스토텔레스의 철학에서도 이러한 개념은 이성에 기초한 인식 방법을 상징한다. 하지만 아리스토텔레스는 이 방법을 이론만이 아니라 실제적인 삶에도 적용했다. 앎을 확장시키는 "방법method"은 좋은 삶에 도움이 되어야 한다.[24] 이것은 앞으로 보게 될 것인바 우리가 걸어서 여행하는 일에서도 마찬가지다.

정신의학자 융은 방랑을 일컬어 "찾을 수 없는 대상에 대한 그치지 않는 갈망, 잃어버린 어머니를 애타게 찾는 마음, 그리움"의 이미지를 갖는다고 말했다.[25] 태어나기 전 어머니 배 속의 태아로서, 우리는 세상에 대한 가장 강력한 첫인상을 경험했다. 그 인상은 바로 절대적인 안온감이었다. 우리는 모태 속에서 자라는 데에 필요한 영양을 제공받았을 뿐 아니라, 따스한 사랑으로 보호받았다. 그야말로 파라다이스와 같았던 상태였다. 태어남과 동시에 바깥세상으로 강제로 추방을 당한 우리는 "세상의 빛"을 처음 접하고는 놀라 비명을 지르고 울음을 터뜨렸다. 그러니 아마도 우리가 인생에서 가장 열렬하게 바라는 것은, 태아 시절 누렸던 완전한 안정 상태를 되찾으려는 것일지도 모르겠다.

'노스탤지어nostalgia'라는 단어에도 이런 의미가 담겨 있는 듯하다. 이 단어는 그리스어로 '귀환', '귀향'을 뜻하는 노스토스nostos 와 '고통', '아픔'을 뜻하는 알고스algos가 합쳐진 말이다. 노스탤지어란 일종의 향수병, 집으로 돌아가고 싶은 아픈 갈망이다. 우리가 나온 출발점으로 – 고향으로, 근원으로, 자신에게로 – 회귀하고자 하는 고통스러운 갈망이다. 호메로스가 《일리아스》나 《오디세이아》에서 그려낸 귀환의 서사에는 고향에서 멀리 떨어져 있는 아픔과 더불어 앞으로 실현될 동경에 대한 달콤함도 담겨 있다.[26]

예로부터 현자들이 인간의 궁극적인 목표를 무엇으로 상정했는지 살펴보면, 대부분 '행복'이었음을 발견하게 될 것이다. 여기서 행복은 영혼의 안식과 평화, 내적 균형, 명랑한 평정심, "내면의 평온" 등을 아우르는 개념이라 할 수 있다. 고대의 현자들에게 행복은 삶의 의미, 충만함, 고통으로부터의 구원, 신 안에서의 안식, 깨달음의 다른 말이었다. 즉 행복은 우리가 마음속 깊이 갈망하는 것이자, 모든 행동의 궁극적 목표요, 우리가 부단히 추구하는 것이다.

도보 여행 안에는 늘 이런 행복에 대한 동경이 담겨 있다. 작가 안젤름 그륀은 이렇게 말했다. "걷는 일은 우리에게 삶의 의미와 목표를 밝혀준다. 그것이 바로 걷기의 속성이다. (…) 걷는 일은 무언가를 숙고하는 것이요, 의미를 구하는 것이며, 목표를 추구하는 것이다. 길을 떠나는 자는 삶의 의미를 묻는다. 그는 걸으면서 길 떠남의 이유와 목표를 찾는다. 우리는 절대적으로 평안한 곳으로, 마침내 정착할 수 있는 고향으로 나아간다."[27] 노발리스의 소설 《푸른 꽃》에서 주인공 하인리히 폰 오프터딩겐은 "우리는 대체 어디로 가는가"라고 자문하고는 "늘 집으로" 간다고 대답한다. 노발리스는 다른 책에서 이렇게 말한다. "내면에는 신비로운 길이 있다." 그는 말을 잇는다. "영원과 과거와 미래는 우리 안에 있거나, 아니면 그 어디에도 없다."[28]

베트남의 불교 승려 틱낫한은 걷기가 주는 명상적인 힘에 대해 말한 바 있다. "걸으면 몸과 마음이 하나로 모인다. 이렇게 될 때만이 우리는 진정으로 지금 여기에 있을 수 있다. 걷는 자는 집으로 가는 것이요, 자기 자신에게로 가는 것이다."[29] 그의 말에 따르면, 지혜로운 사람은 자기 자신 안에서 안식하기에 어디에서나 집에 있는 듯 편안함을 느낀다.

자기 안에서 안식할 수 있는 단계는 인격 성장의 목표이자 지혜로운 삶의 목표다. 이는 단지 지적 성장만을 의미하는 것이 아니라, 영적 성숙을 비롯해 신체적·감각적 성장 또한 포함한다. 즉 지각 능력을 키워나가는 것이며, 감각을 예민하게 하고, 부정적인 요인들로부터 감정을 정화하는 것이다. 자기 자신에 대한 숙고와 성찰을 통해 얻은 통찰은 피와 살이 되고, 본성과 정서가 된다. 또한 우리를 "지지"해주고 방향을 제시하는 내적 태도로 자리 잡아 우리가 일상을 보다 잘 살아갈 수 있도록 인도한다.

여기서 우리는 삶과 걷기의 중요한 접점을 깨닫는다. 천천히 걷다 보면 우리의 몸과 마음은 안식에 이른다. 균일한 형태의 움직임을 반복하면 내면의 긴장이 완화된다. 리듬 있게 걸어나가는 것은 마치 춤을 추는 것과 같다. 이 춤은 몸과 마음을 동일하게 움직이게 하고, 동기화하고, 조화롭게 하여 평온함과 유쾌함을 선사한다. 긴장되고 소란한 마음은 잠잠해지고 내면의 갈등은 가라앉아 결국 해소된다. 땀이 배출되며 땀구멍을 깨끗이 정화하듯이, 영혼은 마음 속 불필요한 짐과 쓰레기로부터 해방된다. 몸과 영혼, 정신이 하나가 되어 우리의 정서는 기분 좋은 균형 상태로 전환된다.

깨달음을 얻은 후 자신의 가르침을 설파하여 많은 중생을 고통에서 구제하기 위해 "먼 방랑길"에 올랐던 부처는 걷기 명상을 광범위하게 실천했다. 이에 대해 틱낫한은 말한다. "무언가로 인해 마음이 소란스러울 때, 걷기를 통해 고요를 되찾을 수 있다. 온전히 걷기에 집중하여 생각하기를 그치고, 말하기를 그치고, 비난을 그치며, 판단도 그친다. 머릿속을 산란하게 하여 우리를 현재의 순간에서 멀어지게 하는 모든 것을 멈춘다."[30]

나는 휴식 시간이면 집중력을 발휘해 차분하고도 느리게 걷는다. 그럴 때마다 이런 걷기가 장단기적으로 고요하고 균형 잡힌 마음을 만들어준다는 것을 깨닫곤 한다. 걷기 명상은 트레킹이나 하이킹만큼 시간이 들지 않으면서도 즉각적으로 기분이 편안해지고, 몸과 마음이 회복되며, 정신력이 강화되는 효과가 있어 틈날 때마다 즐겨 하면 좋다.

산책 노트

><~~~

걷기, 방랑하기, 앞으로 나아가기. 이것은 우리 몸에는 균형과 힘을, 마음에는 의미와 방향을 선사한다. 또한 우리를 더 만족스럽게, 더 명랑하게, 더 저항력 있게, 더 명확하게, 더 평온하게, 더 행복하게 만들어준다. 몸과 마음은 상호 밀접한 관계에 있는데, 우리는 걷기로써 이 두 영역 모두에서 목표를 향해 나아갈 수 있다. 우리는 우리의 위치, 관점, 전망을 바꾸고, 지평을 확장한다. 우리는 하나에서 떠나 새로운 것으로 향한다. 매 걸음 내디딜 때마다 우리는 점진적으로 변화하고, 성장하고, 성숙해진다. 모든 여정의 궁극적 목적은 스스로 만족함을 느끼며, 내면의 안정을 찾고, 내적 균형을 이루는 것이다. 그러면 마음속 응어리는 정화되어 갈등은 차차 해소된다. 비로소 우리는 자신과 하나가 된다.

외면과 내면이 일치와 조화를 이루며 마침내 자기 자신과 타인, 운명과 화해한다. 그렇다고 하여 우리가 세상의 불공평이나 불의 앞에서까지 초연한 태도를 보여야 한다는 말은 아니다. 오히려 반대다. 내면의 평화와 강인한 태도는 우리가 세상에서 결연하게 행동할 수 있게 하는 힘이 된다. 마음의 평화는 고대 사상가들에게 모든 지혜의 궁극적 목표였으며, 인간이 도달할 수 있는 최상의 행복이었다. 우리는 이것을 도보 여행을 통해 얻을 수 있다.

2

건강한 몸과 마음을 얻는 길

건강과 마음의 평화는 행복한 삶의 완성이다.

— 에피쿠로스

걷는 일이 주는 행복은 걷기가 몸과 마음을 건강하게 해주는 원천이라는 사실에 기인한다. 고대의 현자들에게 행복과 정신의 건강은 본질적으로 같은 것이었다. 신체의 건강이 신체 기관과 혈액의 상호 작용의 조화라면, 정신의 건강은 여러 가지 영혼의 힘, 욕구가 내적 균형을 이루고 있는 평화로운 상태이자 "삶의 아름다운 흐름"이었다. 그들은 이런 상태를 인간의 행복으로 여겼다. 또한 정신의 건강과 신체의 건강이 상호 의존적이며 서로 영향을 미친다는 점을 명백하게 인식했다. 신체 건강은 정신적·영적 건강을 촉진한다.

그리고 소크라테스가 지적했듯이, 정신 건강은 역으로 신체를 튼튼하고도 저항력 있게 만들고, 질병의 위험을 줄이고, 치유 과정을 촉진한다. 그러므로 마음을 돌보고 지혜를 얻고자 애쓰는 사람은 자신의 몸에도 좋은 일을 하는 것이다.

현대 생물의학 중 정신신경면역학은 우리의 정신 상태, 내면의 태도, 사고와 상상력이 건강을 유지하거나 회복하는 데에 어떤 영향을 미치는지, 체내의 과정에 어떻게 결정적인 영향을 미치는지

밝혀냈다. 이런 과정에는 신경 내분비계에서 서로 소통하는 신경계, 호르몬계, 면역계가 참여하는데, 신경 내분비계는 우리가 질병에 걸릴지, 얼마나 심하게 걸릴지, 또 얼마나 빠르게 질병으로부터 회복할지 등에 큰 영향을 미친다.

고대 철학자들은 두려움, 걱정, 분노, 탐욕, 시기, 질투, 소외, 교만, 계속되는 슬픔 등 부정적인 감정 상태를 몸과 마음의 건강과 행복을 위해 치료해야 하는 마음의 질병으로 여겼다. 고대의 실천 철학은 당대에 마음의 의학으로 인식되었다. 이는 오늘날에도 유효하다. 우리는 철학적 훈련을 통해 지혜로운 사고를 습득하고, 이를 삶에 적용함으로써 많은 것을 성취할 수 있다.

여기서는 자연을 걸어 다니는 활동이 우리의 사고와 상상력을 어떻게 발달시키는지, 그로써 우리가 정신적 건강과 회복력을 어떻게 촉진하는지를 살펴보고자 한다.

지난 20년간 의학 및 심리학 분야에서 걷기 습관에 대한 많은 과학적 연구가 진행되었다. 이로써 우리가 익히 알고 있었던 사실이 과학적으로 입증되었다. 걷기를 규칙적으로 하면 몸의 건강을 유지하고 강화할 수 있다. 구체적으로 살펴보면 걷기는 고혈압, 심혈관 질환, 비만, 관절 및 호흡기 질환, 노인성 치매 등을 크게 감소시키는 효과가 있다. 뿐만 아니라 면역 체계를 튼튼하게 하고, 정신 건강을 다양한 방식으로 개선하며, 정신 질환을 예방하고, 회복력을 강화하고, 노화 과정을 늦춘다. 아울러 스트레스, 두려움, 정신 불안, 우울증 같은 심리적 손상을 줄이는 데에 도움이 된다.

걷기는 세로토닌, 도파민과 같은 신경전달물질의 분비를 촉진해 행복감을 불러일으키고 부정적인 민감성은 줄인다. 걷는 동안에는 신체를 움직이게 되는데, 이때 스트레스 호르몬인 코르티솔의 분비가 줄어들기 때문에 스트레스를 더 수월하게 극복할 수 있다. 즉 걷기는 약물 치료에 버금가는 항우울 효과를 낸다.[1] 사제이면서 신경학자, 신경정신과의, 심리치료사로 활동했던 P.울리히 노이만은 그의 임상경험을 이렇게 요약한다. "내가 진료한 환자 중 매일 30분 이상을 산책한 절반 정도의 환자는 정신 질환이 치유되었다. 대부분의 심리적 문제는 너무 적게 움직이는 데에서 기인한다."[2]

걷기는 뇌신경 세포의 수와 활동을 증가시켜 정신 능력을 향상한다. 동시에 노화로 인한 정신 능력 저하를 예방한다. 이는 수많은 연구를 통해 입증되었다. 특히 자연과의 접촉은 정신을 자극하고, 사고 활동과 통찰력·창조력·집중력·학습 능력을 활성화하며, 심신을 안정시키는 효과를 내는 것으로 나타났다.[3]

오늘날에는 전 세계적으로 도시화가 심화되면서 자연과 접촉할 수 있는 기회가 줄어들었다. 이로 인해 남녀노소를 막론하고 신체 및 정신 건강에 상당히 부정적인 영향을 받게 되었다. 이른바 "자연 결핍증후군nature deficit syndrome"이 본격적으로 초래되었고, 이에 대응해 수많은 "자연 요법"이 개발되었다.

규칙적으로 걷기를 실천하는 사람들의 체험은 이런 연구 결과를 뒷받침해준다. 왜 공원이나 교외로 나가 걷느냐는 질문에 대부분의 응답자가 자연과 함께 호흡하며 고요와 안정을 경험하고, 일상의 복잡한 일에 신경을 끄고 긴장을 풀 수 있었다고 답한다. 이렇듯 걷는 일은 삶의 속도를 늦춰주고, 마음을 안정시키고, 스트레스를 줄여준다. 특히 보다 꾸준히 걷는 사람들은 걷고 난 뒤 생기를 되찾았을 뿐 아니라, 더 행복하고, 만족스러워졌다고 증언했다.[4]

일본을 비롯해 많은 나라에서 숲 치료법의 하나로 '삼림욕'이 인기를 얻었다. 수많은 과학 연구에서 증명되었듯, 삼림욕은 장시간 정기적으로 숲을 산책하면 건강을 증진하고 질병을 치유하며 정신 건강에도 효과를 볼 수 있다는 인식에서 비롯했다. 최근에는 삼림욕을 콘셉트로 한 치료 요법과 치료 센터가 다양하게 생겨났다. 맑은 공기를 마시면서 몸을 움직이고, 자연의 아름다움을 누리고, 푸릇한 녹색을 보거나 햇빛을 쬠으로써 얻을 수 있는 효과 외에도 숲속에서 자라는 식물이나 부식되는 식물에서 나오는 휘발성 성분과 냄새에도 실제로 치유 효과를 내는 물질이 있다고 한다.

자연 속을 걷는 일이란, 오감을 충족시키는 총체적 경험이다. 숲에서 나는 소리에 귀를 기울이고, 샘물을 맛보고, 풀밭에 눕거나 비탈길을 오르기 위해 손으로 바위나 땅을 짚으면서 우리의 시각, 후각뿐 아니라 촉각, 청각, 미각도 자극된다.

살아오며, 자연이 베푸는 이런 은혜를 진정으로 누릴 수 있어서 참 다행이고 감사하다. 나는 도시에서 자랐지만, 어릴 적 살던 집

뒤에는 야생 정원이 있어서 매일같이 그곳에서 놀곤 했다. 온통 흙투성이가 되어 저녁이면 욕조에 몸을 푹 담그고 씻는 일이 다반사였다. 방학 때는 어머니의 고향인 훈스뤼크의 작은 농촌 마을에 가서 지냈다. 집 안에 있었던 적은 별로 없었고 온종일 바깥에서 시간을 보내곤 했다. 지금도 이런저런 자연의 내음을 맡노라면 어린 시절 방학 때의 기억이 새록새록 떠오른다.

나는 그동안 여러 차례 이사를 다녔는데, 이사할 때마다 집 근처에 공원이 있는지를 가장 중요하게 따졌다. 무슨 일이 있어도 주중에 서너 번은 바깥에서 조깅이나 산책을 해야 하기 때문이다. 공원 근처에 집을 구할 만한 재정적인 형편이 되지 않을 때는 조금이나마 나무가 있는 공터를 찾아다녔다. 도로가 가까워 차 소리가 들리는 곳에서는 귀마개를 쓰고 나무에 둘러싸인 채 책을 읽었다. 대학 시절에는 집 근처 공동묘지에 작은 소나무 숲이 있어서, 일요일 오전이면 그곳에 가서 책도 읽고 사색에 잠기기도 했다.

그 후에는 종종 오토바이를 몰고 교외의 아름다운 곳을 찾아다녔다. 산책한 뒤에는 사과나무 아래에 가만히 앉아 저 멀리 산등성이를 바라보고, 책을 읽거나 피크닉도 하며 휴식을 취했다. 이런 시간은 늘 내게 큰 힘이 되어주었다. 영화를 만들다가 다시 철학을 공부하기로 방향을 틀었을 때는 신의 은총이 아닐까 싶은 우연 덕분에 당시 거주하던 베를린 근교에 있는 별장을 빌릴 수 있었다. 이후 12년간 그곳은 내게 공부방이자 집필실이 되어주었을 뿐 아니라, 영감의 원

천으로서 – 고대의 지혜가 담긴 문헌을 폭넓게 읽으면서 – 내 인격 성
장에 지대한 영향을 미쳤고, 몸과 마음의 건강에 큰 도움을 주었다.

영화 제작자로 활동하던 때에는 청소년 시절의 취미를 되살려 낚
시를 하곤 했다. 영화 제작 일이 워낙 고단하기에 일과 삶의 균형을
잡기 위함이었다. 금요일 오후, 한 주의 일정을 마치면 베를린 교외
의 한적한 호수로 가서 어둑어둑해질 무렵까지 낚시를 했다. 물고
기를 낚았는지는 그다지 중요한 문제가 아니었다. 내게 낚시는 일
종의 명상에 가까운 행위였다. 잔잔한 수면에 낚싯대를 드리우고
가만히 앉아 기다리노라면 마음을 가다듬고 다도나 궁술을 익히듯
나 자신을 완전히 잊고 조용히 편안함을 누릴 수 있었다. 나는 호수
와 그 주위를 감싼 숲에 푹 잠기고 하나가 되었다. 서서히 황혼이
지고 하늘이 푸르스름해지면, 호수는 거대한 거울로 변했으며, 바
람이 솔솔 부는 가운데 마침내 어둠이 내려앉은 고요한 밤을 맞이
했다. 이 모든 것은 깊은 안식과 더불어 마음을 회복시켜주었다. 지
금도 간혹 그 시간이 그립다.

그 후 나는 살생을 금하는 인도 철학에 영향을 받아 낚시를 그만
두었다. 물고기들에게 미안한 마음이 들었기 때문이다. 그러나 가
끔 스트레스를 받을 때면 낚시하던 기억이 되살아나며 다시 시작하
고 싶은 마음이 든다. 많은 과학 연구에 따르면, 자주 물가를 바라
보면 평온해지고, 창조력이 높아지고, 건강해진다고 한다. 산이나
숲, 들을 접하는 것보다도 해안가에 머무르며 바다를 가까이 하면

인간이 더 "행복해진다"고 한다.[5] 내 경험상으로는 산, 숲, 들보다 바다를 보는 것이 더 나은지는 확인할 수 없었지만, 하여튼 반박하기 힘든 말이다. 나는 해변을 산책하는 것도 등산하는 것만큼 좋아한다. 각별히 좋아하는 코스는 코르시카섬과 사르데냐 연안 지역처럼, 바다와 산이 어우러진 곳을 오래도록 걷는 것이다.

최근 연구에 따르면, 삼림욕은 일주일에 보통 두 시간 반 정도 하면 좋다고 한다. 나는 이 사실을 알기 전부터 그렇게 실천해오고 있다. 상쾌한 공기를 마시며 규칙적으로 자연을 걷는 일은 오랜 세월에 걸쳐 절대로 포기할 수 없는 습관으로 자리 잡았다. 물론 장시간, 여러 날 하이킹이나 트레킹을 하면 더 좋겠지만, 산책을 하면서도 유익한 생각과 깨달음을 얻는다. 저조한 기분을 끌어올리고 피로를 회복하는 데에도 산책은 도움이 된다. 또한 철학적 사색과 맞물려 삶을 살아가는 데에 꼭 필요한 몸과 마음의 조건이 만들어지도록 도와준다. 내 모든 행복과 만족은 바로 이런 조건 덕분이다. 나는 뛰어난 현자도 아니고, 초월적 행복에 도달한 사람도 아니다. 하지만 나의 행복과 기쁨은 한편으로는 자연과의 지속적인 만남에서, 다른 한편으로는 고대의 지혜를 공부하며 삶의 가치나 "신과 세상"에 대해 성찰하는 데에서 연유한다. 자연 속을 걷는 일은 이 두 가지를 훌륭하게 연결해준다. 나는 인생의 마지막 길에 이를 때까지 이 길을 계속 걷고자 한다. 더 이상 돌아갈 수 없는 마지막 길에 다다르면, 다음과 같은 말로 친구들과 작별했던 소크라테스를 떠올릴 것이다.

"자, 이제 갈 시간이라네. 난 죽으러, 자네들은 살러. 우리 중 누가 더 나은 운명을 맞이할지는 우리 모두 알 수 없네. 오직 신만이 그걸 알겠지."

산책 노트

많은 과학 연구에서 걷기가 몸과 마음의 건강에 여러 긍정적인 효과를 발휘한다고 입증되어 있다. 걸어 다니면서 얼마만큼 삶을 성찰하는지와 상관없이 걷는 일 자체만으로도 말이다. 긴 시간 자연 속을 걸어 다니면 면역 체계가 강화되고, 노화로 인한 갖가지 질병을 예방할 수 있다. 또한 다양한 방식으로 기분을 고양하고, 삶의 속도를 늦춰주며, 몸과 마음을 회복시킨다. 이에 더해 저항력을 길러주고, 행복과 기쁨을 온전하게 느낄 수 있는 능력을 증진시킨다. 고대의 현자들에게는 특히 정신의 건강이 행복한 삶의 본질적인 특성이었으며, 삶과 삶을 살아가는 방식에 대해 성찰할 수 있는 전제 조건이기도 했다. 이런 성찰이 우리를 성숙하게 하며, 바람직한 인격으로 거듭나게 한다.

3

가끔은 일상과 거리를 두는 길

온전하고 완전한 고요에 이를 때
우리는 자기 자신을 만난다.

—《우파니샤드》

일상에서 벗어나 무한히 펼쳐진 자연 속을 걸으며 단조로운 명상을 하다 보면 내면은 잠잠해진다. 우리 주변에 드리운 침묵은 우리 안으로 들어와 몸과 마음을 진정시킨다. 비록 잇달아 연상되는 생각이 멈출 줄 모르고 흐르더라도 분주한 일상은 잠시 우리에게서 밀려난다. 자연의 광활함과 고요와 어디선가 풍겨오는 향기를 눈과 귀와 코로 온전히 느끼며 걸으면, 이 모든 것이 우리 안에서 어우러진다. 평소 우리를 사로잡고 놓아주지 않았던 것들은 거리를 두면 그 의미를 잃는다. 일상생활은 대수롭지 않게 느껴지고, 삶의 무게는 가벼워지며 압박감이 줄어든다. 처리해야 할 여러 가지 업무, 밀린 집안일, 얼기설기 얽힌 인간관계 등 일상적 세계가 뒤로 물러날수록 내면의 자아가 전면에 드러난다. 우리는 자신의 중심에 더 가까워지고, 스스로를 더 잘 느끼며, 통일성과 정체성을 경험한다. 기분이 좋아지고 희열까지 느껴진다.

바로 행복 호르몬이라 불리는 세로토닌, 노르아드레날린, 엔도르핀의 작용 덕분이다. 이 호르몬들은 우리가 신체적 활동을 하면서 햇빛을 받으면 몸속에서 활발히 분비되어 행복감을 촉진한다. 이런 생물학적 반응 외에도 걷는 동안에 일어나는 감각적·정신적 과정은 기분을 평화로이 가라앉힌다.

이런 잠잠함에, 내면은 가지런해진다. 계획하고, 처리하고, 해결해야 하는 일들이 많다고 해도 결코 마음이 산만해지거나 분산되지 않는다. 종종 따르기에 버거울 만큼 분주한 일상에서 헤어나 정신적·영적 실존의 내적인 합일로, 순박함으로, 단순함으로 돌아간다. 중요하지 않은 것은 사라지고, 비로소 본질이 드러난다. **기실 우리 삶의 본질은 다양하지 않다. 오히려 우리는 자기 자신과 마주하지 못하고 피하려 할 때, 삶의 문제들을 외면하고 싶을 때 다양한 활동을 함으로써 도피하려고 한다.** 고대 중국의 한 철학자는 이를 다음과 같이 표현했다.

"그러므로 자기 자신에게 돌아가지 않고 밖으로만 향하는 사람은 유령으로 돌아다니는 것과 같다. 그가 밖에서 추구하던 바를 이룬다고 해도 얻는 것은 죽음뿐이다. 영혼이 이렇게 비참한 상태가 되었음에도 육체적으로 계속 존재한다면, 살아 있는 유령이나 다름없다."[1]

끊임없는 분주함은 겉보기에는 생동감이 넘쳐 보여도 실상은 산만함, 도피, 헛수고에 불과할 때가 많다. 오히려 삶의 본질은 내면의 평온, 진정성, 영혼의 안식, 좋은 인간관계 같은 몇 안 되는 근본적인 것들에 있다. 이것들이 삶을 지탱해주는 기둥이다. 우리가 살아가면서 물질적인 것은 그리 많이 필요하지 않다. 쾌락주의 철학자로 알려진 에피쿠로스는 이렇게 말했다. "굶주리지 않고, 목마르지 않고, 추위에 얼어붙지 않는 것. 이런 상태를 유지하거나 바라는 자는 제우스와 행복을 겨룰 수 있다."[2] 물론 이 말은 문자 그대로가 아니라 비유적으로 이해해야 한다. **우리는 자기 안에서 행복을 찾고 일궈나가야 한다.** 하지만 외부의 사물과 재화에서 행복을 헛되이 찾는다. 부와 소유물은 삶을 더 쉽고 즐겁게 만들어주는 듯 보인다. 그러나 때때로 삶을 더 힘들고 걱정스럽고 복잡하게 만들 때도 있다. 재산의 필요성과 효용을 긍정했던 아리스토텔레스 역시 재산이 행복한 삶에 도움되기는커녕 방해가 되기도 한다고 지적했다. 본질적인 것은 우리의 내면에서 일어난다. 그러므로 내면에서 여러 가지 힘, 충동, 저항이 올바른 균형을 이루게끔 해야 하는 것이다. 외적 소유와 외적 관계는 목적을 위한 수단일 뿐, 우리는 내면의 균형과 평온, 마음의 평화를 진정 동경한다.

마음이 잠잠해진 가운데 자기 자신에 이를 때, 우리는 이런 연관을 어느 정도 의식하게 된다. 종종 걷는 동안 이런 일이 일어난다. "저잣거리를 쏘다니지 말라. 그래야 그대는 의미를 얻게 될 것이다"라고 중국 전국 시대의 현자 장자는 말한다.[3] "저잣거리를 쏘다니지 말라"는 말은 인용문 속 "저잣거리"가 상징하는 일상적 목표나 열망에서 멀찍이 떨어져 '목적 없이' 한가로이 걸어 다니라는 뜻이다. 또한 인용문 속 "의미"란 "자기답게" 자신의 사명을 살아내는 것이다. 의미에 다가가고 의미를 실현할 때 우리는 내적 분열을 경험하지 않고 가장 자기답게 살고 있다고 느낀다. 이는 그리스 철학자 데모크리토스가 "명랑함"이라고 칭했던 마음 상태와 같다. 데모크리토스가 말하는 명랑함은 밝고 쾌활한 마음 상태로, "꽤 잘 지내고 있어"라고 그저 솔직 담백하게 말할 수 있는 단기적이고 일시적인 기분뿐만 아니라, 어두움에도 내면이 흐려지지 않는 고요한 상태까지 포함한다. 위에서 언급한 "자기답게"의 기준은 사람마다 약간 다를 수 있다. '자기답다'는 것은 사람마다 각각 우선순위가 다른 필요와 가치 규준의 집합이며, 개인적인 가치의 위계 구조일 수 있기 때문이다. 하지만 평소에 이를 인식하기는 어렵다. 자기 자신으로부터 멀어지고 소외감을 느낄 때, 우리는 가장 강렬하게 자신의 중심을, 즉 자기 자신을 느낀다. 내적으로나 외적으로나 더 이상 자기 자신으로 살지 못한다는 느낌이 든다.

괴테 또한 자신을 둘러싼 자연의 무한함에 맞서 스스로를 드러내 보이는 이 '중심'에 대해 다음과 같이 썼다.

"사람이 사방으로 끌어당겨지는 모든 정신력을 자신의 가장 깊고도 내밀한 곳에 모으지 않는다면, 어떻게 스스로를 무한에 맞세울 수 있단 말인가? 그러기 위해서는 다음과 같이 질문해야 한다. '순전한 중심을 뱅뱅 돌면서, 부단히 움직이는 것이 그대 안에서 나타나지 않는 한, 어떻게 그대가 이 영원히 살아 있는 질서 한가운데에 있다고 생각할 수가 있겠는가? 그리하여 자신의 가슴에서 이런 중

심을 찾는 것이 힘들지라도, 그대는 호의적이고, 유익한 작용이 그
로부터 나와서 그에 대해 증언하는 것으로 그 중심을 알아차리게
될 것이다.'"[4]

마음을 조율하는 걷기

오직 걷기를 통해서만 자기 자신에게 가까이 다가갈 수 있는 것은
아니다. 아름다운 자연 속을 오래 걷는다고 해서 늘 이런 일이 일
어나는 것도 아니다. 그러나 단언컨대, 걷기는 우리가 자기 자신에
게 이르고, 자신의 본질을 다시금 느낄 수 있는 좋은 수단이요 기회
임에 틀림없다. 이는 정체성, 자기됨, 진정성이 자기 안에 계속하여
살아 있게 하는 전제다. 아주 오래된 중국의 문헌에는 이런 가사가
실려 있다.

그의 뜻은 하나요.
그의 마음은 모아져 있다.
현자는 하나 되어 평온하다.[5]

걷는 동안 우리의 마음은 더 맑고 더 명쾌해진다. 우리가 누구이
고, 무엇을 원하는지를 다시금 알게 된다. 우리는 걷기를 통해 마음

을 조율한다. 분주한 일상 속에서 갈라져 있던 마음은 다시금 모아지고 내면은 맑아진다. 마음이 산란해지면 의심하고, 불안하고, 부주의하고, 미심쩍은 결정을 하고, 좌절감을 느낀다. 쉽게 무기력해지고, 압박감이 커져 자제력을 잃을 위험이 커진다. 반면에 마음이 맑고 가지런해지면 본질적인 것에 집중할 수 있고, 적절하고 올바른 일을 할 수 있는 힘이 생기며, 밝고 긍정적인 정서 상태가 된다.

중국의 유학 오경 중 하나인 《역경》에는 "발자국들이 이리저리 이어진다. 거기서 진심을 다한다면 허물이 없어라"라는 구절이 있다. 《역경》의 독일어판 번역자는 자못 모호해 보이는 이 구절을 다음과 같이 인상적으로 해석했다. "급하고 바쁜 상황이다. 여기서 중요한 것은 내적으로 평온을 유지하면서 삶의 번잡스러움에 휩쓸리지 않는 것이다. 진심을 다해 잠잠히 나아간다면, 계속해서 밀려오는 수많은 인상에 대처할 수 있는 명쾌함을 얻을 것이다. 모든 일을 시작할 때는 그렇게 마음을 가지런히 하고 진심을 다하는 것이 중요하다. 시작은 뒤에 올 모든 것의 싹을 품고 있기 때문이다."[6] 마음이 가지런한 상태는 주의 깊음으로 이어진다. 주의 깊음은 그 시작 단계에서 이미 앞으로 어떻게 전개될지 알아차리게끔 해준다. 자신의 삶을 적극적으로 변화시키고자 하는 사람은 무엇보다도 행동해야 할 적절한 순간을 알아야 한다. 그리스인들은 이런 순간을 "카이로스"라고 불렀다. 고대 중국인들은 어떤 일이 막 시작하는 단계에서 적절한 순간을 만날 수 있다고 보았다. 중국 춘추 시대의 사상가

노자는 말한다. "어려운 일은 아직 쉬울 때 시작하라. 큰일은 아직 작은 일일 때 해치우라. 천하의 큰일은 모두 사소한 일에서 시작한다."[7]

마음을 주의 깊게 모으면 마음은 가지런해지고 맑아진다. 우리가 장시간 자연 속을 걷거나 긴 산책을 할 때 이렇게 되기가 쉬워진다. 많은 위대한 사상가들은 명상적인 홀로 걷기를 통해 자기 자신과 삶에 대해 명료한 통찰을 얻었다. "앉아 있으면 내 생각은 잠이 들고, 내 다리가 움직이지 않으면, 정신은 꼼짝하지 않는다"라고 몽테뉴는 말했다.[8]

괴테는 스스로를 성찰하기 위해 자주 여행을 하면서 세상으로부터 도피했다고 알려져 있다. 그는 실러에게 보낸 편지에 이렇게 적었다. "[여행에서 경험하는] 외부적 관계에서 떨어져 나온 듯한 바로 그 심심함이 많은 것을 소화해내야 하는 사람에게는 유익한 법이지."[9] "도피는 괴테가 마지막 순간까지 견딘 뒤, 잘 지어진 집과 보루를 박차고 나와 스스로를 구원할 수 있는 유일한 형식이었다. 이탈리아 여행을 떠나기 5년 전에 이미 괴테는 친구에게 사악한 창조성이 자꾸 자기더러 멀리 여행을 떠나게끔 한다고 절망적으로 고백했다. '그것이 내게 내 불쾌한 면들을 묘사하면서, 도피로 스스로를 구원하라고 조언한다.'"[10]

시간을 들여 걷는 일과 닮은 괴테의 "세상으로부터의 도피"는 문자 그대로 이해하면 안 된다. 여기서 말하는 "세상으로부터의 도피"

는 자기 자신으로부터의 도피가 아니며, 일상 활동으로부터의 소외로 이어지지 않는다. 또한 우리가 삶을 보다 창조적으로 만들어가려는 노력이나 열망을 앗아가지도 않는다. 오히려 반대다. 그런 도피는 우리가 현재 어떤 상태이고 앞으로 무엇을 해야 하는지 명확하게 인식하게 돕고, 크든 작든 삶에서 의미 있는 변화를 가져올 수 있는 힘과 자신감을 북돋워준다. 걷기는 자기 속에 깊이 침잠하고 자기 안에 귀를 기울일 수 있게 하는데, 이런 일에 능한 신비주의자가 동시에 강력한 행동력을 가지고 큰일을 하거나 혹은 비중 있는 예술적 성취를 이루는 경우가 역사적으로 드물지 않았다.[11] 일본 에도 시대의 식물학자이자 유학자였던 가이바라 에키켄은 "아주 바쁜 사람들이라도 시시때때로 고요를 찾아서 마음을 달래줘야 한다"고 강조했다.[12]

잠시 일상과 거리를 두는 기술

자연 속을 걸어 다니며 얻는 안식은 우리로 하여금 일상을 살아갈 수 있게 하는 커다란 힘이 되어준다. 광활하고 아름답고 숭고한 자연을 고요히 바라보고 경험하는 일은 스스로 잘 의식하지 못할지라도 우리에게 영향을 미쳐 더 나은 쪽으로 인격을 형성하고, 삶의 가치들을 바로잡게 해준다. 공자의 다음 문장도 이와 같은 의미였을 것이다. "고결한 자가 고요히 홀로 머무를 때 그는 진정 배우고, 인격을 형성하고, 정서를 함양한다."[13] 감각을 가진 사람은 자연을 관조함으로써 "신비롭고 신성이 깃든 생명의 법칙을 경험하고, 내면을 가지런히 함으로써 인격을 형성할 수 있다. 자연을 바라보는 가운데 부지불식중 신비한 영적 힘의 영향에 압도된다."[14]

자못 거창하게 들리기도 하는 말이다. 그렇지만 우리가 자연 경관을 관조할 때, 숨이 멎는 듯하고, 영원의 감정에 사로잡히는 그 순간, 우리의 영혼에 어떤 일이 일어나는지를 꽤 그럴듯하게 보여준다. 몇만 년 전부터 같은 자리에서 육중하게 버텨온 산 앞에 서면 '나'라는 존재는 작고 보잘것없어 보인다. 그러나 이런 무한의 증거를 눈으로 보고, 정신으로 파악할 수 있는 순간에 우리는 자기 자신을 초월하여 영원에 동참하는 듯한 느낌을 받는다. "숲과 산이 사람에게 미치는 치유력은 대부분 자연이 무한하다는 사실에 기인한다"라고 장자는 말한다.[15]

수많은 현자들은 자연을 관조함으로써 우리의 유한을 초월하는 가운데 우리 안에 있는 신성한 무언가의 힘을 발견했다. 이러한 깨달음에까지 도달하지 못할지라도, 자연에 대한 깊은 경험은 우리를 내적으로 성장시키고, 가치 체계를 바로잡아준다. 거대한 자연 앞에서는 일상의 문제들이 상대적으로 작아 보이기 때문이다.

나 또한 걷기의 가장 중요한 측면 중 하나로 마음을 가지런히 하고 조율하는 면을 꼽는다. 끊임없이 자신에게로 돌아와 내면의 소리에 귀 기울이지 않으면 내적인 균형을 잃어버리고, 본성에 맞게 살아갈 수 없다. 나는 외부로부터, 즉 현인들의 지혜가 담긴 글과 철학책에서 많은 자극을 받지만, 나의 중심, 세계관, 자아상 등은 외적경험에 지극히 개성적인 내면의 경험을 녹여내면서 궁극적으로 나 스스로에게서 길어내려고 한다. 그러기 위해 나 자신에게 주의를 기울이고, 자꾸 일상과 거리를 두고 마음을 조율하는 가운데 비판적인 질문을 쉬지 않으려고 부단히 힘쓴다.

걷기로 얻은 이런 깨달음을 나는 일상에도 적용하고 있다. 그래서 마음먹고 걷기를 나서지 않을 때도 규칙적으로 홀로 있는 시간을 가지고 차분한 상태를 유지하려고 노력한다. 내 경우, 아침 명상을 하거나 하던 일을 멈추고 시간을 내어 카페에 들러 글을 쓴다. 아니면 음악을 듣거나 책을 읽으며 잠시 기분을 전환하는 시간을 갖는다.

마음을 조율하려면 쉬어가는 시간이 필요하다. 잠시 신경을 끄는 시간, 복잡한 문제나 막연한 걱정을 내려놓고 놓아버리는 시간 말이다. 바쁜 일상에서는 이런 시간을 소홀히 여기기 쉽다. 틱낫한이 "우리는 멈춤의 기술, 즉 휴식의 기술을 배워야 한다"라고 강조했듯, 잠시 분주한 생활에서 물러나 홀로 성찰하는 시간은 마치 호흡처럼 우리에게 없어서는 안 될 삶의 구성요소다. 이런 시간을 거쳐야만 우리의 영혼이 비로소 빚어진다. 내가 걷기를 사랑하는 이유는 그 때문이기도 하다.

산책 노트

걷기와 실천 철학은 잠시 일상과 거리를 두고, 자기 자신에게로 차분히 향하게 한다는 점에서 서로 통한다. 이로써 우리는 분주한 생활에서 물러나 자기 자신을 오롯하게 경험하고 내면을 가지런히 할 수 있다. 걷기와 철학적 사고를 통해 내면에 귀를 기울이고 가치를 돌아보고 다시금 마음을 맑게 하자. 그러다 보면 길을 따라 펼쳐지는 자연의 아름다움과 숭고함이 눈에 들어올 것이며, 의미 있는 삶으로 나아가게 될 것이다.

4

나 자신과 마주하는 길

타인을 아는 자는 영리하고,
자신을 아는 자는 지혜롭다.

—노자

우리는 걷기로써 자신의 중심에 더욱더 다가가고, 자신감을 얻는
다. 스스로를 다시금 새롭게 느낀다. 또한 오랜 시간 걷는 동안 자
신의 숨겨진 면을 발견할 수 있다. 일상과 거리를 둔 상태에서 자신
의 마음을 들여다보고, 자신의 행동과 사고방식을 반추하고, 다른
사람들과의 관계와 현재 우리를 사로잡고 있는 문제를 더 객관적으
로 바라볼 수 있다.

　바쁜 일상에 치이다 보면 종종 삶의 상황을 왜곡되고 피상적인
시선으로만 볼 때가 많아 제대로 판단하지 못하기 일쑤다. 하지만
일상과 거리를 두고 걷는 동안에는 내적으로 차분해지고 명료해져
명상과도 같은 성찰이 가능해지므로 자신의 마음을 더 잘 헤아릴
수 있다. 요가학파를 체계화한 파탄잘리가 편찬한 《요가수트라》에
는 "의식에서 요동치는 잡념을 잠잠하게 하는 과정을 거쳐 고요에
이르면, 영혼은 수정처럼 맑아진다"라고 쓰여 있다.[1]

　모든 걷는 사람에게 이런 일이 일어나지는 않을 것이다. 이런 일
이 일어난다 해도 스스로 전혀 의식하지 못할 수도 있다. 종종은 꿈

과 비슷한 무의식의 차원에서 이런 반추가 이뤄지기 때문이다. 그러나 걷다가 스스로의 상태가 명료해지는 경험을 한 적이 있지 않은가. 일상과 거리를 두고 걷다 보면 특정한 행동, 사건, 계획을 자기비판적으로 캐묻게 되고 상황을 새로운 관점으로 바라보고 새롭게 평가할 수 있게 된다. 나아가, 전에 없던 아이디어나 착상이 찾아들어 기존의 행동, 생각, 가치관을 변화시키고 싶은 마음이 생긴다.

물론 이런 결심을 실천하지 않는 한, 결심 자체만으로 많은 것이 바뀌지는 않을 것이다. 그러나 어쨌든 시작은 한 것이다. 이런 시작 없이는 아무것도 진행되지 않고, 모든 것은 그냥 그대로 남을 뿐이다. 그냥 그대로 남는 것이 꼭 나쁘다고만 할 수 없지만, 고대의 현자들은 우리는 결코 배움을 끝맺을 수 없기에, 일평생 계속 성장해나가는 것이 좋은 삶이라고 했다. 세네카는 "삶을 배워나가는 것은 일생에 걸쳐 해야 하는 일"이라고 했다.[2]

우리는 다른 생물처럼 평생을 거쳐 변화한다. 가치관, 타인과의 관계, 욕구와 기호 등 모든 것이 변하기에 오래 기분 좋게 살기를 원한다면 변화에 적응해야 한다. 즉 배워야 한다. 삶은 계속적인 적응의 과정이며, 이는 우리가 우리 안팎의 변화에 부응하는 동시에 자기의 중심을 지킬 때 성공적으로 이루어진다. 고대 그리스 7명의 현자 중 한 사람인 아테네의 솔론은 "나는 늙었지만 여전히 배운다"라고 했다. 그는 60세에 24년간 몸담았던 정치 활동을 그만두고, 오랜 교양 여행의 길에 올랐다.

직선으로만 이어지는 길은 없다

또 한 번 말하지만, 걷는 행위 자체만으로 완전한 자기 인식에 다다를 수는 없다. 완전한 자기 인식이란 거의 존재하기 어렵고, 괴테에 따르면 추구할 만한 것도 아니다.[3] 그러나 걷기는 자기 영혼의 여러 면면을 밝혀주거나, 기존의 생각, 의도, 행동을 바람직하게 바꾸도록 자극을 줄 수 있다. 그래서 고대의 현자들은 건강하고 적확하게 자기를 인식하려는 노력이 성공적인 삶을 위한 기본이 된다고 보았다.

소크라테스는 "자신을 알지 못하면, 무엇이 장기적으로 자신에게 도움될지를 어떻게 알겠는가?"라고 물었다.[4] 이는 그가 인간은 자신이 가장 잘할 수 있는 일을 잘해낼 때 특히 행복하다고 말한 것과 같은 맥락이다.[5] 자신이 가장 잘할 수 있는 일이 무엇인지, 즉 어떤 활동이 스스로에게 잘 맞는지는 쉽게 알아내기 어렵다. 이를 알아냈다고 해도 자신에게 적합한 직업을 구하는 일은 또 다른 문제다. 하지만 어떤 직업이 자신을 장기적으로 만족시킬지 아예 짐작조차 하지 못한다면 올바른 일을 찾기란 사실상 불가능해진다.

내 경우, 일찍이 내가 가야 할 길을 예감했음에도, 그 일에 사명감을 가지고 실제로 일하기까지는 25년이란 시간이 걸렸다. 나는 열여섯 살에 이미 철학에 끌렸고, 철학에서 행복을 발견할 수 있으리라고 확신했다. 하지만 철학자로 먹고살기가 쉽지 않다는 친구의 충고를 따라 철학과 함께 법학도 전공해 변호사가 되었다. 법조인

생활은 나름의 매력이 있었기에 변호사로 보낸 세월을 시간 낭비라고 생각하지 않는다. 돌아보면, 내게 꼭 필요한 시간이었다는 생각이 든다. 이 시절에 나는 현실을 도외시하지 않았고, 사람들이 어떤 문제로 변호사를 찾아오는지를 배웠기 때문이다. 많은 법률 사건에는 변호사가 간과해서는 안 될 인간적인 문제들이 깔려 있었고, 이를 통해 인생을 배웠다.

변호사 생활을 그만두고 이어 나는 12년간 영화 제작자로 일했다. 철학과 함께 영화도 좋아해서 영화를 만들면 성취감을 맛볼 수 있으리라고 생각했기 때문이었다. 이 두 직업은 내 안의 욕구와 재능을 얼마간 만족시켜주었지만 나의 "이타카(이오니아해에 위치한 섬으로 《오디세이아》의 주인공 오디세우스의 고향으로 등장한다. 트로이전쟁에 참전하는 오디세우스에게는 출발지이자 목적지인 곳이다—옮긴이)", 즉 내 직업의 목적지를 찾는 여정은 다시금 철학으로 방향을 틀었을 때에야 끝났다. 어딘가를 오랜 시간 걸었던 기억을 떠올려보라. 줄곧 직선으로만 이어지는 길은 없다. 구불구불 곡선으로 이어지기도 하며, 어떤 지점에서는 되돌아가야 할 때도 있다. 인생의 경로도 마찬가지다. 자기 자신에 이르는 길은 결코 일직선이 아니며 순탄하지도 않다. 호메로스가 오디세우스의 방황을 다룬 서사시 《오디세이아》를 통해 우리에게 이야기하는 바가 바로 그게 아닐까. 자기 자신에게 이르는 길은 많은 방황, 유혹, 투쟁으로 점철된 길고도 위험한 길이다. 이런 길을 가는 것은 방향 표지판이 없는 지역을 방랑하거나 새로운 길을 처음 나서는 상황과 비슷하다.

그래서 자기 자신을 탐색하고, 자신이 가야 할 길이 무엇인지 끊임없이 탐구하는 과정이 필요하다. **어딘가를 걷는 일과 자신에게 이르는 과정 사이의 본질적인 유사성은 바로 방향을 찾으려고 애써야 한다는 점이다.** 여기에는 다음과 같은 가이바라 에키켄의 말이 참고가 될 것이다. "배우라. 그러면 의심이 들지니. 의심하라. 그러면 문제가 떠오를지니. 문제에 맞서라. 그러면 그에 대해 생각하게 될지니. 생각하라. 그러면 올바른 인식과 교양을 소유하게 되리라."

더 쉽게는, 도보 여행 중 어느 으슥한 오솔길을 걷는 상황에도 비유할 수 있다. 쉬지 않고 계속 나아가다 갈림길을 만나면 어느 길이 옳은지 알지 못한다. 그래서 '길을 잘못 들면 어쩌나?' 하고 의심하게 된다. 그러나 결국은 이렇게 물을 수밖에 없다. 앞으로 나아가지 않으면, 그러니까 길을 나서지 않으면 어떻게 그것이 올바른 길인지 알 수 있겠는가.[6]

오로지 길을 떠나서 주변을 둘러보는 사람만이 목적지에 도착한다. 묻는 자만이 대답을 얻는다. 자신에게 귀를 기울이는 자만이 자신에게 이르고, 자기 본연의 가장 깊은 욕망에 닿으며, 자신의 뿌리에 다다를 수 있다.

독일의 정치인이자 학자인 카를로 슈미트는 프랑스의 철학자 가브리엘 마르셀에 대해 다음과 같이 말했다. "그는 스스로를 '방랑 철학자'라고 불렀다. 그가 철학의 대상으로 삼은 것은 '길 위에 있는 것'이었다. 이런 끊임없는 방랑에서 그 누군가는 발길이 닿는 모든 곳에서 자기 자신을 만난다. 자기 자신과의 만남은 우리로 하여금 우리 존재, 다른 존재에 대해 질문을 던지게 하고, 우리의 생각을 일깨우고, 생각을 키워준다. 이런 질문에는 정해진 답이 없다."[7]

질문함으로써 나 자신을 알 수 있다

질문하고 탐색하는 행위는 삶의 기술에서 필수적인 부분이다. 이런 행위는 우리가 평생 내적인 성장을 이루도록 돕는다. 작가 루드비히 티크는 이렇게 쓴다. "나는 이제 숲, 산, 강을 가로지르는 여러 길을 생각하며 걷는다. (…) 모든 사람들이 주변을 둘러보고, 자기 영혼의 형제를 찾는다. 그리고 소수의 사람들만이 그것을 발견한다. 그들은 계속해서 숲과 도시를 지나고 산과 강을 따라 여행하지만, 늘 그것을 발견하는 것은 아니다. 많은 사람들은 더 이상 찾지도 않는데, 이들이 가장 불행한 자들이다. 삶의 기술을 잊어버렸기 때문이다. 늘 다시금 희망하고, 추구하는 것이 삶의 본질이다. 이것을 포기하는 순간은 죽음의 순간이어야 하리라."[8]

그리스 신화에도 철학, 방랑, 자기 인식 사이의 연관이 나타난다. 이리스는 그리스인들에게 하늘과 땅을 중재하는 신들의 사자였다. 하늘은 신적이고 영원하고 참된 것을, 땅은 인간적이고 덧없는 것을 상징한다. 진실의 중재자로서 이 여신은 철학을 상징하기도 한다. 이리스는 '놀라움', '경이'라는 뜻의 이름을 가진 타우마스 신의 딸이다. 우리가 자연을 걸을 때 경험하듯, 고대 그리스인들 역시 자연의 광대함과 그것이 지닌 힘과 영광을 느낌으로써 존재의 무한함과 그 변화의 법칙성에 대해 경이로워했고, 경탄해 마지않았다.

경이와 경탄은 질문을 이끌고, 질문은 사물을 생각하며 관찰하는 길, 즉 철학으로 이어진다. 철학^{philosophy}이라는 단어의 문자 그대로 지혜에 대한 사랑과 동경으로 이어진다. 플라톤과 아리스토텔레스에게 경이로움은 철학의 시작이다.[9] 세네카는 자연 연구의 가장 좋은 점은 "인간이 그 숭고함에 매료된다는 것과 이익을 얻기 위해서가 아니라 경탄하기 위해 연구한다는 것"이라고 했다.[10]

인격 성장과 자기 인식에서도 질문이 우리를 더 멀리 나아가게 한다. "좋은 여행자는 자신이 어디로 갈지 알지 못하는 사람이다. 좋은 여행자와 완전한 여행자의 차이점은 완전한 여행자는 자신이 어디에서 왔는지도 알지 못한다는 것이다."[11] 중국 도가의 경전인《열자》에도 이와 일맥상통하는 구절이 있다. "지고의 목표를 향해 방랑하라! 방랑의 목표에 이른 사람은 자신이 어디로 가는지 더는 알지 못한다. 경탄의 목표에 도달한 사람은 자신이 무엇을 보는지 더는 알지 못한다. 그는 방랑하며 모든 것을 만난다. 이런 식으로 모든 것을 본다. 그것이 내가 말하는 방랑과 '봄'이다. 그리하여 말하노니, 지고의 목표를 향해 걸으라!"

묻지 않는 자는 배우지 못한다. 질문이 비로소 우리를 자신의 중심으로, 뿌리로 인도한다. 어디로 가는지, 무엇을 보는지 알지 못한다는 것은 긍정적인 의미다. 열려 있고, 선입견이 없고, 지금 여기에 몰입해 있는 상태이기 때문이다. 솔론은 고령의 나이에 긴 여행길에 오르기 전에 "아무도 자신이 지금 막 시작한 길의 끝을 알지 못한다"라고 시를 지었다.[12]

노자는 말했다. "만물은 제각각 자신의 뿌리로 돌아간다. 뿌리로 돌아가는 것을 일러 고요함이라 하는데, 이는 운명으로 돌아가는 것을 일컫는다." 여기서 "운명"이란 자신의 사명을 말한다. 노자의 말에서는 마음을 조율하는 것과 자기 인식이 합쳐진다. 우리는 때때로 일상에서 물러나야지만 자기 자신에게 이를 수 있다. 이를 위해 이리저리 걸어 다니는 것은 최적의 수단이다. 마음이 조율될 때 일상의 소음은 잦아들고, 머리가 비워진다. 마음속을 지배하던 온갖 상념은 점점 약해지다 한순간 완전히 잠잠해진다. 우리는 고요해진다.

이런 순간에 우리는 스스로를 인식하고, 내면의 소리를 들을 수 있고, 마음속 가장 깊은 동경을 채울 수 있다. 사람은 자신의 내면 깊이 안도감을 느끼기를 동경한다. 니체가 표현했듯이 "나무가 뿌리에서 느끼는 안도감"이다.[13] 이런 안도감은 다름 아닌 평온으로, 산란하고 불안한 마음과 정반대의 상태다. 고대 그리스인들은 "잔잔한 바다처럼 고요한 영혼"을 이상적인 마음 상태로 보았다. 노자의 제자인 장자는 이렇게 말했다. "인간은 흐르는 물이 아니라, 고요한 물에 비친 자신의 모습을 본다. 오직 고요만이 모든 고요를 고요하게 한다."[14]

내적 깨달음을 얻은 뒤에는, 이를 용기 있고 참을성 있게 생활에 적용한다면 우리는 자기의 운명을 손에 쥔 채 스스로의 "이타카"에서 살아갈 수 있다. 자신의 중심에 한층 더 다가갈 수 있고, 더욱더 진정성 있는 삶을 실현할 수 있다. 이런 방식으로 자신에게 가까워질수록 외적인 상황과 관계없이 충일감을 느끼게 될 것이다. 자족감은 자기 자신과의 내적 합일에서 비롯되기 때문이다.

자기 자신을 잘 아는 것은 삶의 여러 측면에 영향을 미친다. 배우자·연인·가족·친구·직장 동료와의 관계, 직업이나 취미의 선택뿐만 아니라, 무언가 결정하고 새롭게 시도하기 위한 적절한 시기가 언제일지, 일과 삶의 균형을 어느 정도로 맞춰야 할지 등에도 말이다. 또한 자신이 무엇에 소질이 있는지, 강점과 약점은 무엇인지 파악하는 것도 중요하다. 우리는 본질적인 욕구를 실현하고 재능을 계발하고 펼쳐야 한다. 그리고 과한 욕심이나 약점은 부정적인 감정을 불러일으키기에 계속해서 줄여나가야 한다. 예를 들어, 물질적 풍요와 외적 조건에 너무 집착하면 거기에 매여 살게 되고, 다른 사람에게 좋은 이야기만 듣길 원하면 누군가의 행동거지 하나에도 마음이 쓰인다. 외부에서 만족감을 찾는다면 걱정, 근심이 생기고 불안해진다. 분노, 노여움, 미움 같은 감정 또한 해가 된다. 시기, 질투, 탐욕,

교만, 과도한 슬픔 같은 감정도 마찬가지다. 이 모든 감정의 가운데에서 스스로를 지각하고, 감정의 원인을 깨닫는 것이 중요하다. 그래야만 그런 감정 상태에서 벗어나거나, 이런 상태에 지혜롭게 대처할 수 있을 것이다.

나 자신을 모른다면 행복할 수 없다

부정적인 감정들에서 벗어나고 싶다면 언제, 어떤 상황에서 왜 그런 감정들이 찾아오는지를 알아야 한다. 그런 감정들이 찾아오는 원인이 늘 외부의 사건이나 다른 사람에게 있는 것은 아니다. 대부분의 경우에 외부 사건이나 다른 사람들은 그저 방아쇠가 될 따름이다. 결정적인 원인은 외부 사건 혹은 다른 사람과의 관계를 어떻게 바라보고, 평가하는지에 있다. 사업 실패로 인한 재산상의 손해, 입사를 원하던 직장에서의 최종면접 탈락, 장밋빛 미래를 약속하던 연인과의 이별 등 어떤 계획이나 시도가 어그러진 사건은 마음의 고통을 유발할 수 있다. 하지만 이런 때에도 평정심을 잃지 않고 이성적으로 주어진 상황에서 최선을 이끌어낼 수도 있다. 모든 것은 우리 내면의 태도, 우리가 추구하는 내적 가치에 달려 있다. 노예 출신의 로마 철학자 에픽테토스는 "일이 사람을 불안하게 하는 것이 아니라, 그 일에 대한 생각이 사람을 불안하게 한다. 불안하거나 우울해지면, 다른 데에서 원인을 찾지 말고, 우리 안에서, 즉 우리의 생각에서 원인을 찾아야 한다"라고 말했다.[15] 에픽테토스보다 400년 앞서서 에피쿠로스학파의 한 철학자는 이렇게 말하기도 했다. "모든 것은 그에 대한 각자의 생각이다."[16]

우리는 새로운 태도와 자세를 취할 수 있다. 새로운 경험을 하고서는 마음을 바꿔, 지금까지와는 다르게 생각하고 행동할 수 있다. 이것이야말로 자연스러운 인격의 성장이다. 언제나 같은 사람은 없다. 삶의 새로운 단계를 마주할 때마다 우리의 사고, 욕구, 행동도 변화한다. 그때그때의 경험과 더 나은 통찰에 근거해 목적 지향적으로 성장해간다. 이를 자기 도야라 부른다. 자기 도야를 통해 자기 삶의 예술가이자 창조자가 되고, 행복에 이를 수 있다. 동서양의 고대 실천 철학자들의 공통된 견해가 바로 이것이다. 세네카는 "그대 스스로 행복해지라"고 했다.[17] 우리는 스스로 흡족하게 느끼도록 삶을 만들어가는 능력을 습득해야 한다. 이를 위해서는 마음을 조율하는 것과 자기 인식이 도움이 된다.

물론 인격의 변화나 성장이 걷기를 즐기는 모든 사람에게 마법처럼 일어나지는 않는다. 앞으로 더 살펴보겠지만, 무엇보다 중요한 것은, 걷기와 자기 인식 사이의 연관을 이해하는 것이다. 일상을 뒤로하고 반나절 혹은 그 이상을 한적한 자연 속을 거닐다 보면 마치 새가 높은 곳에서 아래를 내려다보듯 자기 자신을 조감해볼 수 있다. 니체는 "방랑자" 자라투스트라로 하여금 "그렇다! 나 자신을 내

려다보고, 내 별들을 내려다볼 수 있는 경지. 이것이 비로소 나의 정상이다"라고 외치게 했다.[18]

일상에서 멀찍이 거리를 둘 때라야 자기 삶, 행동, 반응, 감정을 제대로 바라볼 수 있다. 오래 걸을수록, 자연의 풍경과 인상에 한층 더 젖어들수록, 일상적 세계와의 거리는 더 멀어진다. 몽골 속담에 "높이 올라가야 멀리 보인다"는 말이 있다.[19] 이와 유사한 속담이 독일에도 있다. "멀리 걸어가면 멀리 뒤돌아볼 수 있다."[20] 이렇게 거리를 둘 때, 일상에서 종종 우리를 얽어매고, 시야를 흐리게 만들며, 인식의 범위를 협소하게 하는 감정적 구속에서 벗어날 수 있다. 거리를 두면 객관적인 판단이 가능해지고, 선입견은 사라진다. 이런 방식으로 우리는 더 진정성 있게 살아갈 수 있다.

고대 철학자들에게 행복에 이르는 열쇠는 바로 주의 깊은 자기 인식이었다. "자신의 마음을 아는 자는 행복을 아는 자다." 이집트의 파피루스 문서에 기록되어 있는 이 말은 자신의 마음을 아는 자에게 행복이 찾아온다는 뜻이다. 이와 같은 통찰을 철학자이자 황제인 마르쿠스 아우렐리우스는 약간 다르게 표현했다. "자신의 영혼의 움직임에 주의를 기울이지 않는 사람들은 필연적으로 불행해질 수밖에 없다."[21] 소크라테스는 자기를 탐구하지 않는 인생은 살 가치가 없다고 주장함으로써 자기 인식의 가치를 가장 분명하게 표명했다.[22] 그리하여 소크라테스는 "너 자신을 알라"라는 말을 자신의 철학의 중심에 두었다.

동서양을 막론하고 고대의 현자들은 인간은 천성적으로 행복을 추구한다는 데에 의견을 같이 했다. 물론 행복한 삶이란 그들 개개인마다 약간씩 의미가 달랐지만, 보편적으로 선하고, 의미 있고, 충만한 삶이라고 보았다. 일반적으로 고대의 현자들에게 행복은 평온하고 균형 잡힌 마음, "건강한 정서 상태"였다. 그들은 행복을 정신의 건강과 동일시했다. 건강한 정신은 두려움, 걱정, 분노, 원망, 교만, 시기, 질투, 탐욕, 억제되지 않은 열정 등과 같은 부정적인 감정이 없는 상태라고 여겼으며, 이런 감정들로 잠식되어 있다면 "영혼의 질병"이 있다고 보았다.

이후 행복은 부, 명성, 많은 자녀나 하인 등 외적인 재화와 동일시되기도 했지만, 동아시아와 유럽에서는 일찍부터 행복의 의미에 중요한 변화가 일어났다. 행복의 개념이 외부에서 내부로 옮겨가면서 행복은 소유의 정도가 아닌 자신이 어떤 사람인지로 판단되었다. 행복은 어느 정도 오랜 시간 지속되는 마음의 상태로 묘사되었고, 따라서 욕구가 충족되거나 일시적으로 환희를 느끼는 순간 이상의 상태로 여겨지게 되었다. 소크라테스와 동시대를 살았던 그리스 철학자 데모크리토스는 "행복과 불행은 자신의 마음에 있다"고 말했다. 플라톤은 "행복하기 위해서는 마음이라는 집을 정돈해야 한다"고 말했다. 그러므로 스스로를 아는 것이 중요해졌다. 어느 그리스 철학자는 "자신을 모르는데, 어떻게 자신과 더불어 잘 살아갈 수 있겠느냐?"고 물었다.[23]

걷기는 자신의 영혼을 들여다볼 수 있는 고요를 허락해준다. 특히 혼자 걸을 때 이런 일이 드물지 않게 일어난다. 그러나 "시체들이 누워 있는" 영혼의 어두운 지하실로 내려갈 용기와 솔직함이 필요하다. 마음 한편에 덮어둔 문제나 어두운 일을 그저 외면하고 싶은 유혹이 크기 때문이다. 하지만 "생각을 한다는 것은 스스로 속지 않는다는 뜻이다"[24]라는 《예기》의 구절처럼, 우리는 여유를 가지고 걸을 때 스스로를 정직하게 돌아볼 수 있을 것이다.

자기 마음의 집을 깨끗이 정돈하면 "내면의 안도감"에 이른다. 여유 있게 사색하며 걷는 일은 우리를 그와 같은 상태로 인도한다. 걷는 동안 우리는 신체적으로 생기를 되찾고 원기를 회복할 뿐 아니라, 마음의 질서를 되찾고 내적인 일치와 조화에 도달한다. 나아가, 삶의 가치들을 재발견하고 바로잡을 수 있다. 모든 것이 제자리를 찾아 우리는 다시금 자기 자신이 된다. 니체는 말한다. "이제 내가 어떤 운명에 처하고 어떤 체험을 하든 방랑과 등산은 그 안에 포함될 것이다. 결국 인간은 자기 자신을 경험할 뿐이니. (…) 다만 돌아갈 뿐이며, 결국 스스로에게 올 뿐이니. 나 자신에게로, 오랫동안 낯설고 소원해졌으며, 모든 일들과 우연 가운데 흩어져 있던 것에게로."[25]

마지막으로 한 가지 강조하자면, 걷는 동안 자기를 탐구하고 발견하기 위해 모든 것을 제치고 오로지 자기 자신만을 골똘하게 생각할 필요는 없다는 점이다. 비록 걷고 난 후에 어떤 뚜렷한 생각이 남지 않았다 해도 걷기 전에 비해서 조금이나마 마음이 조율되고 맑아진 듯한 느낌을 받게 될 것이다. 의식적으로 새로운 깨달음이나 착상을 얻고 돌아오는지와 무관하게 말이다.

산책 노트

걷기로써 우리는 자기의 중심에 가까워진다. 일상과 거리를 둠으로써 스스로를 다시금 새롭게 경험한다. 자기 인식은 행복한 삶의 기본 전제다. 자기를 아는 사람만이 스스로에게 장기적으로 무엇이 좋고 무엇이 나쁜지를 아는 법이다. 잘 모르는 지역을 걸어서 여행하는 사람이 스스로 길을 찾아야 하듯이, 우리는 인생길에서 참된 삶을 살기 위해 자기 존재의 정체성을 찾아야 한다. 우리는 자기 자신으로 살아가고자 하고, 내적 사명을 실현하기를 원한다. 이것이 우리에게 인생의 의미를 준다.

우리는 계속해 방향을 새로이 잡고, 호기심 있는 눈길로 주변을 살펴야 한다. 질문만이 우리를 중심으로 인도한다. 자기 자신을 아는 자만이 자신을 발전시킬 수 있다. 스스로가 왜 그렇게 생각하고, 갈망하고, 행동하는지를 이해하는 자만이 스스로를 변화시킬 수 있다. 그러기 위해 고요한 사색의 시간이 필요하고, 일상과의 거리가 필요하다. 여유롭게 걷는 일은 이 모든 것을 위한 좋은 기회가 된다.

5

감사하는 마음을 얻는 길

물 한 잔이 갈증을 해소하고,
한 입의 채소가 심장을 튼튼하게 한다.
하나의 좋은 것이 모든 좋은 것을 보여주고,
아주 작은 것이 전체를 보여준다.

—고대 이집트의 격언

"너 자신을 알라!" 서양에서 가장 오래된 이 윤리적 요청은 원래 델포이의 아폴로 신전 입구에 새겨져 있었다. 이 문장은 신전을 찾은 방문객에게 자신이 인간임을, 모든 면에서 한계가 있으며 언젠가 죽어야 하는 존재임을, 모든 것을 알지 못하는 불완전한 존재임을 상기시켰다. 불멸하고 완전하고 전지한 존재는 오직 신뿐이라는 점도 함께. 이런 권고는 인간에게 더 높고, 더 완전한 것에 대한 경외심을 불러일으키고, 자신의 유한을 의식하게 했다. 수많은 인간적 기쁨은 바로 자신의 유한에 대한 의식을 토대로 한다. 우리가 경험하는 모든 기쁨은 유일무이하고, 깨지기 쉬우며, 일시적이기 때문에 기쁜 것이다. 만약 즐거움이 영원하다면 무미건조하고 지루할 것이다. 즐거움은 우리보다 더 높은 힘이 주는 선물이기에, 겸손하게 받아들이고 감사히 누려야 한다.

호메로스는 오디세우스로 하여금 "그러니 인간은 결코 높아져서는 안 되며 (…) 신들이 그에게 주는 선물을 겸손하게 누려야 하리"라고 외치게 했다.[1] 산을 오르다 보면 이런 오디세우스의 말이 떠오른다. 몇 시간에 걸쳐 고통스럽게 등반한 후 광대하게 펼쳐진 전경의 아름다움을 접하면 얼마나 놀라운가. 몇백 년 된 떡갈나무, 신묘한 모양을 이룬 구름 무리, 장엄한 바위 협곡, 매혹적인 빛의 잔상, 무한히 펼쳐진 바다, 고요한 숲속 호수, 풍화된 나무둥치, 부드럽게 흔들리는 꽃… 이 모든 것에서 아름다움을 발견하고 동시에 경외감을 느낀다.

어느 저명한 문명사학자이자 철학자는 걷기를 즐겨 하는 사람이라면 알 만한 경험을 이렇게 적기도 했다. "우리는 도시에 있을 때보다 만물이 성장하고 시시때때로 변하는 하늘이 수많은 신비한 힘을 예감케 하는 자연에 있을 때 창조적인 생명의 존재와 삶의 본질을 더 생생하게 깨닫는다. 대자연 속에서는 자연스레 종교적 사유를 하게 되고, 겸손해지고, 경외심이 생긴다."[2]

바로 이런 의미에서 리카르다 후흐는 이렇게 쓴다. "우리는 자연 속에서 신의 숨결을 느낀다. 신은 자연 속에 스스로를 계시한다. 도시에서 우리는 인간이 만든 것들에 둘러싸여 있다. 인간이 만든 것들이 자연을 밀어내고 대체할수록, 우리는 신의 목소리를 듣는 능력을 점점 상실한다. (…) 시골에서, 황야에서, 머리 위로는 별이 빛나는 하늘을 두고 발밑으로는 비옥한 갈색 대지를 둔 채로 우리는 걸음걸음마다 신적인 힘을 호흡한다."[3]

이탈리아의 시인이자 초기 르네상스 인문주의자인 페트라르카는 주변의 풍경이 인간의 정신에 얼마나 중요한 영향을 끼치는지를 이미 분명히 깨달았다. 페트라르카는 여러 날 계곡, 동굴, 산을 두루 누볐다. 이렇게 자연을 향유하는 즐거움은 그의 모든 지적 활동에 동반되었다. 페트라르카는 주기적으로 일상에서 도피해 프랑스의 보클뤼즈로 들어가 몇 년씩 은거하기도 했다. 그는 탁 트인 전망이 보고 싶다는 막연한 충동이 들면 몽방투산을 오르고 또 올랐다. 그렇게 목적 없이 산을 오르는 것은 당시로서는 굉장히 이례적인 일이었다. 페트라르카는 "복된 삶은 높은 곳에 있다"며, "거기로 가는 길은 좁다"라고 말했다. 그는 산 정상에서 펼쳐진 웅장한 풍광을 바라보며, 자신이 저지른 모든 어리석음을 떠올리고, 더불어 지나간 삶을 생각했다.

역사학자 야코프 부르크하르트의 글에 따르면, 페트라르카는 그곳에서 그리운 마음으로 이탈리아 방향을 바라보며 아우렐리우스 아우구스티누스의 《고백록》을 펼쳤는데, 바로 이런 구절이 나왔다. "사람들은 그리로 가서, 높은 산과 드넓은 만조, 힘 있게 흐르는 강, 바다와 하늘을 도는 별들을 보며 경탄한다. 그러는 가운데 자신을 떠난다."[4] 그때 페트라르카와 동행했던 그의 형제는, 이어 페트라르카가 책을 덮고 가만히 침묵한 이유를 알지 못했다. 괴테는 말했다. "산은 말 없는 스승이며, 침묵하는 제자를 만든다."[5]

자연의 장엄함, 무한함, 영원함 앞에서 우리는 고된 일상에 갇혀서 소외된 자신을 잊어버린다(앞서 《고백록》 속 "자신을 떠난다"라는 구절처럼 말이다). 자연은 우리 한 사람 한 사람이 얼마나 작고 보잘것없는 존재인지를 깨닫게 해준다. 너른 바닷속의 물 한 방울과 같고, 영원한 시간 속 찰나에 불과한 존재와도 같음을. 우리는 자연의 위력 앞에서 전율에 휩싸인다. 쇼펜하우어는 말했다. "우리가 바라보는 어떤 대상은 그 공간적 크기뿐만 아니라, 오랜 세월, 즉 시간적 영속성으로 인해 그 앞에 서면 우리 스스로가 아무것도 아닌 아주 작은 존재로 느껴진다. 우리는 그 광경을 흡족하게 바라보면서 숭고한 감정을 느낀다. 아주 높은 산, 이집트의 피라미드, 고대의 거대한 유적지가 그런 것들이다."[6] 이 순간에 우리는 아리스토텔레스가 말했던 그리스 비극의 효과에 버금가는 경험을 한다. 그리스 비극의 효과는 "카타르시스" 즉 내적 정화로 알려져 있다. 관객은 비극 속 주인공의 실패를 보며 참담함과 놀라움, 두려움과 동정심 같은 감정을 느끼고 동시에 "그런 감정들로부터 정화"된다. 비극적 줄거리에 공감하고 카타르시스를 경험한 관객은 극장을 나서며 "더 나은" 사람으로 현실로 돌아가 좋은 삶을 살게 된다.

　정화 효과의 이유에 대해서는 학자마다 의견이 다양하지만, 내가 보기에는, 관객이 예측할 수 없는 운명의 위력 혹은 인간사의 뒤에 숨겨진 신의 뜻을 깨닫고 경외심을 느끼기 때문이 아닐까 싶다. 관객은 자신이 외적 사건에 그다지 영향을 끼칠 수 없다는 사실을, 운명이 언제든지 자신을 타격할 수 있다는 사실을 인식하게 된다. 그리하여 관객은 오만과 허세 – '오만', '방종'을 그리스어로 히브리스 hybris라고 한다 – 등 부정적 감정으로부터 벗어나 스스로 정화된다. 히브리스는 그리스인들이 중요하게 다루었던 주제로, 실천 철학의 전 역사를 관통하는 주제다. 그리스인들은 신들이 파멸할 사람에게 우선적으로 재물을 내린다고 생각했다. 재물을 획득한 자들은 교만해지고, 그다음에는 타락이 뒤따른다. "신은 첫 번째 악으로 인간에게 교만을 보내네. 높은 곳에서 아무것도 아닌 곳으로 쫓아내기를 원하는 자에게…."[7]

자연을 경험하는 중에도 우리의 마음은 정화된다. 이때 정화는 상호 영향을 주는 두 가지 측면으로 이루어진다. 한편으로 자연은 우리를 성찰로 인도하여 우리의 생각과 마음을 정화한다. 그러고 나면 다른 한편으로는 마음이 정돈되고 긍정적인 감정이 강화되어 내적으로 성장하고 강해진다. 강인한 내면으로 거듭난 우리는 자연, 다른 사람, 경험에 사심 없이 마음을 열고, 그것들이 온전히 내면에 와 닿도록 마음을 내맡긴다. 가이바라 에키켄은 이렇게 쓴다.

"하늘과 땅의 기적을 경험하면 얼마나 심오한 기쁨에 휩싸이는가. 햇빛과 달빛, 변화무쌍한 구름과 안개, 끊임없는 계절의 변화, 산의 숭고한 자태, 춤추는 시냇물, 부드러운 산들바람, 촉촉한 비와 이슬, 깨끗한 눈, 꽃들의 미소, 향기로운 풀의 성장, 날짐승·들짐승·물고기·곤충의 부단히 이어지는 생명. 이런 자연의 기적과 친해지기 위해 우리는 감정을 정화해야 한다. 스스로 거룩한 생각을 불어넣고 비열하고 불순한 욕망을 몰아내야 한다. 이것이 바로 영감이다. 내면의 신이 깨어나 외부 세계와 접촉하는 가운데 스스로를 펼쳐나간다."[8]

자연 속을 걸으며 자연의 광대함과 아름다움에 마음 깊이 경외감을 느끼고 감탄할 때도 이런 정화가 일어난다. 정화가 우리에게 주는 가장 아름다운 선물은 바로 감사하는 마음이다. 우리는 자신에게 일어나는 모든 좋은 일에 감사하게 된다. 무엇보다도 우리가 살아 있어 자연의 아름다움과 무한함을 경험하고, 스스로가 자연의 일부임을 느낄 수 있다는 사실에 감사하는 것이다. "너희 화려한 꽃이여, 빛나는 초원이여, 상쾌한 그늘이여, 시냇물이여, 나무와 풀밭이여, 오라. 와서 이 끔찍한 물건들로 더럽혀진 나의 상상력을 정화시키라." 프랑스의 철학자 루소는 연구를 위해 동물을 해부하는 것에 대한 혐오감을 표현한 뒤 이렇게 외쳤다.[9] 다른 곳에서는 이렇게 말하기도 했다. "관찰자의 영혼이 더 민감할수록, 그는 [자연의] 이런 조화로운 매혹에 더더욱 자신을 내맡긴다. 그러면 달콤하고 깊은 몽환이 그의 감각을 사로잡고, 그는 만족스러운 광경에 취해 자기 자신이 이 엄청나게 아름다운 체계와 이어져 있음을 느끼며 자기를 잊어버린다."[10]

이렇게 우리가 자연과 연결된 느낌을 생생하게 유지하고, 자신이 유한한 존재임을 잊지 않는다면 일상을 경험하고 살아내는 방식이 달라질 수 있다. 우리는 자기 주변을 둘러싼 모든 것에 감사하고 행복해할 뿐 아니라, 인생이 선사하는 크고 작은 선물을 더 주의 깊고 섬세하게 지각하고 받아들일 수 있을 것이다. "봄밤을 누리는 한 시간은 금 백 조각만큼 가치가 있네. 꽃이 향기를 발하고 달이 제 그림자를 드리우므로." 고대 동양의 시인은 말한다.[11]

실패해도 담담하게 받아들이는 자세

다른 한편, 우리는 세상사가 언제나 자신의 생각대로 되지는 않는다는 사실에 내적으로 대비하게 된다. 계획과 의도, 소망이 어그러질 수도 있음을 순순히 인정하게 된다. 자신의 한계를 인식하고, 자기 마음대로 할 수 있는 세상일이 얼마나 적은지도 깨닫는다. 그저 힘이 닿는 한에서 자기가 의도하고 바라는 일을 추진해볼 수 있을 뿐, 그런 일이 성공하리라고, 순조로이 진행되리라고 당연하게 생각지 않는 것이다. 설령 실패하거나 잘되지 않더라도 이미 일어난 일을 담담하게 견디고 받아들일 뿐이다. 나는 내가 하는 모든 일에 "중간에 별일이 없으면"이라는 유보 조건을 붙이는 습관을 들였다. 이런 습관은 내가 평온을 유지하는 데에 큰 도움이 되었다.

모순되는 듯 보이지만, 광대하고 무한한 자연에 비해 자신이 얼마나 작고 유한한 존재인지를 느끼는 것으로부터 삶의 역경을 견디고, 자신의 중심을 지킬 수 있는 내적 힘과 능력이 자라난다.

평소 자연 속을 걷기 좋아했던 루소는 여느 날처럼 우울을 몰아내기 위해 자연을 누비면서 이렇게 말했다. "나는 눈의 이런 호사를 좋아한다. 이런 중에 불행한 자의 영혼은 쉬고, 만족하고, 잠시 기분 전환을 하고, 고통을 좀 덜어낸다. 이와 같은 효과가 모두에게 나타나지 않는다면, 아마도 몇몇은 자연에 대한 감수성이 부족하기 때문일 수 있다. 그러나 대부분은 마음이 다른 생각들로 가득 차 있어서, 감각이 인도하는 대상들을 눈여겨보지 않고 대충 지나치기 때문이다."

지혜롭게 겸손의 태도를 취한다고 우리가 유약해지는 것은 아니다. 우리가 외부에서 일어나는 일에 미칠 수 있는 영향이 얼마나 제한적인지를 깨닫고, 우리가 종종 얼마나 무력한 존재인지를 받아들일수록 오히려 더 강인해지며, 회복력 또한 좋아진다. 우리는 변하지 않는 삶의 조건을 알고, 피할 수 없는 현실에 순응하는 법도 배웠다. 겸손한 태도는 우리가 지닌 관용과 평정심을 강화하고, 삶의 거센 풍파 속에서도 자신의 길을 끈기 있게 걸어갈 수 있는 힘을 준다. 루터의 《탁상담화》에는 "안전하게 걷고 싶은 사람은 너무 높이 날아서는 안 된다"[12]라는 구절이 나온다. 하이킹이든 트레킹이든 우리가 시간을 들여 때로는 힘들게 걷는 동안 장엄한 산을 비롯한 자연 경관을 바라보면서 키워나가는 자질이 바로 이런 겸손과 겸허의 힘이다. 걷는 과정이 한층 더 힘겨울수록 우리는 내면에 숨어 있는 강인한 힘을 더욱더 강렬하게 느낀다. 애써 의식하지 않더라도 우리의 몸과 마음이 오롯하게 그것을 경험한다. 이런 강렬한 힘은 걷기를 마치고 오랜 시간이 지난 뒤에도 우리 안에서 생동한다.

교만하지 말고, 운명이나 다른 사람들을 얕보지 말고, 자신의 지식을 확신하지 말고, 비현실적이지만 달콤해 보이는 허황된 상상을 버리라는 지침은 아주 오래된 삶의 지혜다. 고대 이집트의 고관 프타호테프는 아들에게 남긴 가르침에 이렇게 적었다. "지식이 있다고 교만하지 말고, 지식이 많다고 믿지 말라. (…) 직분을 맡은 그 누구도 완전히 깨닫지 못하나니."[13] 그리스 시인 아르킬로코스가 쓴 다음과 같은 시구도 아주 오래되었다.

기쁘다고 과하게 기뻐하지 말고,
괴롭다고 과하게 괴로워하지 말라.
삶이 진행되는 박자를 잊지 말라![14]

이에 대한 화답처럼 공자는 이렇게 쓴다. "나는 현자는 불운할 때 기가 꺾이지 않으며, 행운이 있을 때 환호하지 않는다고 들었다."[15] 광활하고 아름다운 자연을 걸을 때 마음속에 저절로 형성되는 겸손과 감사는, 고통과 기쁨이 밀접하게 연결되어 있다는 사실을 밑바

탕에 둔다. 플라톤이 비유적으로 표현했듯이, 기쁨과 고통은 창의 축 끝에 한 실로 함께 묶여 있다. 기쁨과 고통, 둘 중 하나가 없이는 다른 하나를 가질 수 없다. 우리는 이런 통찰을 내면화하여 자신의 일부로 만들어야 할 것이다. 우리 대부분이 아직 그런 경지에 도달하지 못했음은 평소 우리의 태도를 돌아보면 알 수 있다. 크든 작든 불쾌한 일을 겪으면, 밝고 평온한 정서를 유지하려 하기보다는 화부터 내고 속상해하지 않았는가. 그러나 어떤 형태로든 오만을 멀리할수록 평온을 유지할 수 있다. 그리스 7명의 현자 중 한 사람인 프리에네의 비아스는 우리에게 이렇게 권고한다. "그대가 좋은 일을 했을 때, 그대가 한 것이라 생각하지 말고, 신이 했다고 생각하라."[16] 이런 생각을 기본 자세로 삼으면 무언가 좋은 일이 일어났을 때 마음은 기쁨과 감사로 가득 찬다. 자신에게 좋은 결과가 반드시 일어나리란 법은 없음을, 일의 결과가 다르게도 될 수 있었음을 미리 알고 있기 때문이다. 중국 전국 시대의 사상가 맹자는 말한다. "의연한 사람은 자신이 어느 날 무덤 혹은 웅덩이에서 생을 마칠 수도 있다는 사실을 결코 잊지 않는다."[17]

할 수 있는 일을 넘어서고자 하는 마음을 버리라

자연과 운명의 우월성에 대한 내면화된 통찰은 단순한 처세술이 아니라, 삶의 본질이다. 이런 통찰은 삶의 기술로서의 철학이다. 이런 삶의 기술을 내면화하면 교만이나 허세처럼 잘못된 삶의 태도에 빠질 염려가 없다. 또한 우연을 동반하는 삶을 마주하며, 삶이 주는 기쁨과 아름다움을 온전하게 "정화된" 마음으로 감사히 누리고, 행복한 순간을 경험할 수 있다. 스토아학파의 철학자 포세이도니오스는 그것을 이렇게 표현한다. "철학은 삶의 예술이기도 하다. (…) 이런 예술의 목표는 행복의 상태다. 철학은 그 길로 인도한다. (…) 철학은 허상을 몰아내고, 정말로 위대한 것과 교만한 것을 혼동하지 않게 해준다."[18]

교만과 허영심을 내려놓은 사람은 삶에서 이루고자 하는 시도, 계획, 소망, 목표 중 많은 것들이 외부 상황과 다른 사람에게 달려 있음을 안다. 그렇기에 그는 바꿀 수 없는 운명이나 이미 벌어진 일의 진행처럼, 자신이 어떻게 해볼 수 없는 모든 것을 겸허히 받아들인다. 자신이 할 수 있는 만큼만 하고자 하며, 자신이 손쓸 수 없는 일 때문에 괴로워하지 않는다. 추구하는 목표를 이룰 수 있을 것이라고 당연히 여기지도 않는다. 또한 자신의 행복이 외부의 목표를 성취했을 때 얻어지는 것이 아니라, 무언가를 추구하는 활동 그 자체에 있다고 보기 때문에 오직 자신이 할 수 있고, 영향을 미칠 수 있는 일에 집중한다. 가령 진실하고, 사려 깊고, 선하고, 진정성 있게 사는 것에 말이다. 이런 태도는 스토아 철학자들이 삶의 기조로 삼았는데, 지금의 우리도 명심해야 할 자세라 하겠다.

고대 인도와 중국의 현자들은 매우 비슷한 생각을 공유했다. 부처는 "그대는 정신력의 균형을 추구하고, 이를 목표로 삼으라"고 제자들에게 권한다.[19] 고대 인도의 힌두교 경전 중 하나인 《바가바드기타》에는 계속해서 내적 욕구에서 우러나와 할 수밖에 없는 일을 하되, 그 결과에 마음을 두지 말라는 권유가 나와 있다.

> 그 일을 하는 것이 그대의 사명일진대,
> 그 성패에는 신경을 쓰지 말라.
> 결코 행동의 열매를 탐내지 말라.
> 하지만 게으름에 빠지지는 말라.
> 모든 일에 최선을 다하고,
> 세속적인 욕심에서 벗어나라.
> 일이 잘되든 안 되든
> 늘 침착함을 유지하라.[20]

물론 우리는 추구하는 외부의 목표를 이룰 수 있기를 소망해야 할 것이다. 고대의 현자들도 이와 같이 소망하는 태도에 대해서는 이의를 제기하지 않았다. 하지만 우리의 행복이 외부의 목표 실현 여부에 따라 좌지우지되어서는 안 된다. 자연을 유유히 거닐 때처럼 길을 걷는 것 자체가 목표이지, 정상에 도달하는 것이 목표가 되어서는 안 된다. 우리는 정상에 도달하는 것보다 정상에 오르는 길 자체를 더 사랑하기에, 케이블카를 타고 산에 오르는 대신 때로는 몇 시간에 걸쳐 힘든 길을 걸어간다. 또한 이를 악물고 아등바등 나아가는 사람보다는 초연하고 침착하게 한 발 두 발 내딛는 사람이 목표에 도달할 가능성이 더 높다. '목표를 못 이루면 어쩌지?' 하고 불안해하며 힘을 낭비하지 않고, 고요하고 평안한 태도로 나아갈 수 있기 때문이다. 이런 사람은 성실하고 적극적이지만, 이루고자 하는 성공을 과대평가하지도 않는다. 공자는 말한다. "적절한 정도를 지킬 줄 아는 사람. (…) 그의 마음은 자기 자신으로 가득하지 않다. 그리하여 그는 꾸준히 제 할 일을 할 수 있다."[21]

장자는 과도한 의욕을 경계한다. "잘못된 의욕을 끊어라! 마음에 얽매인 것을 풀어라! (…) 부, 명예, 영화, 권력, 명성, 이득. 이 여섯 가지는 뜻을 어지럽힌다. 이런 것들로 마음이 혼란스럽지 않은 사람은 절도를 찾은 것이다. 절도를 찾은 사람에게는 고요가 있으며, 고요가 있는 사람에게는 맑음이 있다. 맑음이 있는 사람은 그의 마음이 (의도, 계획, 목표로부터) 비어 있어서, 모든 것에 마음이 열려 있다. 이렇게 비어 있는 사람은 아무것도 하지 않으나, 아무것도 하지 않은 채로 남지 않는다."[22] 내면에 안정감과 자족감을 가지고 행동하는 사람은 목적하는 바를 이룰 수 있다.[23] 그가 아무것도 하지 않는 듯 보일지라도, 그럼에도 그는 하며, 결국 그 일은 성취된다.

나는 도보 여행을 하는 동안 구간 목표에 도달하기 전에 돌아온

적이 꽤 많다. 이 정도면 충분하고, 내가 해낼 수 있는 한도만큼 해냈다고 느꼈기 때문이다. 걷는 일 자체가 내게 가치 있는 것이기 때문에 목표에 도달하지 못했다고 아쉽지 않았다. 일본의 학자 야마가 소코는 이렇게 썼다. "현자는 하늘의 뜻을 알기에, 추구할 만한 가치가 있는 것을 추구하고, 도모해야 할 것을 도모하며, 간직해야 할 것을 간직한다. 그리고 개인적인 성패에 마음을 쓰지 않는다. 자신의 운명에 만족하여 자신이 가야 할 길을 결코 떠나지 않는다. 사려 깊게 책임을 다하며 도모할 것과 제안할 것이 자신의 처지를 넘어서지 않는다."[24]

"자신의 처지"는 자기 자신의 능력과 중심에 의해 정해진다. 자신의 처지 안에서 해야 할 일에 전심한 결과, 우리는 자기 자신과 더 가까워지고, 자신의 사명을 실현하고, 행복을 경험한다. 이에 더해, 외부의 목표도 달성할 수 있다면 더할 나위 없이 좋겠지만, 그것은 그리 중요하지 않다. 언젠가 "현자도 걱정에 빠집니까?"라는 질문을 받은 공자는 이렇게 대답했다. "아니다. 현자는 그의 길을 가고, 자신이 해야 하는 것을 한다. 성공을 이루지 못해도 마음으로 기뻐한다. 성공을 이루면, 그에 더해 자신이 그렇게 할 수 있었음을 기뻐한다. 그리하여 일생 내내 기뻐하고, 하루도 낙담하지 않는다. 보통 사람은 그렇지 않다. 보통 사람은 성공을 이루기 전에는 성공하지 못할까 봐 걱정한다. 그리고 성공을 이루면, 성공을 다시 잃을까 봐 걱정한다. 그리하여 평생 낙담하고 하루도 즐거울 날이 없다."[25]

반면에 외부의 목표를 달성하는 데에만 집착한다면, 언젠가는 좌절할 수밖에 없다. 호메로스의 말에 따르면, 시샘이 많은 신들이 그 누구에게도 오직 좋은 것만을 선사하지는 않기 때문이다. "어떤 것이든 완성되면 변하는 것이 하늘의 길이다. 충만의 정점에서 오래 머문 전례는 아직 없다."[26]

자신의 능력을 한참이나 넘어서는 것은 교만이고, 자신을 과대평가하는 처사이며, 무절제한 태도다. 이 또한 도보 여행에서 배울 수 있는 깨달음이다. 자연의 광대함과 위대함은 우리 인간이 모두 동등한 존재임을 일깨워준다. 그 누구도 다른 사람 위에 있을 수 없고, 그 누구도 실수와 약점에서 자유롭지 못하다. "인간은 다 비슷비슷하다."[27] 특히 나는 자연을 걷는 동안 무한한 자연과 유한한 나 자신이 감각적으로 대조되는 경험을 자주 할 때면 이런 생각이 몇 번이고 떠오른다. 외적인 성공, 인정, 명예에 이끌려 자꾸 자만해지려는 마음의 고삐를 당긴다. 나도 다른 사람처럼 더 낫지도 더 못하지도 않은 인간이며, 다른 모든 사람과 마찬가지로 흔들리는 운명과 예측할 수 없는 우연에 내맡겨진 존재임을 몇 번이나 되새긴다. 이 사실은 내 마음을 평온하고 고요하게 한다. 하지만 이런 태도가 잘 유지되지 않을 때면 곧 운명이 내 한계를 상기시키는 순간이 반드시 찾아오고야 만다.

산책 노트

자연 속을 걷다 보면 장엄하고 무한한 자연과 미약하고 유한한 우리 존재의 대조를 피부로 느낀다. 그럴 때면 겸손한 마음이 생겨나고, 교만한 마음은 사라진다. 이런 정서를 삶의 태도로 내면화하면 일상생활에 참으로 유익하다. 우리는 주어진 것에 감사하고, 자신의 한도에 넘치는 것 이상을 원하지 않게 되며, 외부의 시련에도 침착함을 유지할 수 있다. 이로써 내적 균형을 이루며, 모든 것이 조화롭고 만족스러운 삶을 살아갈 수 있다. 우리는 많은 것이 우리 손에 달려 있지 않음을 깨닫는다. 이런 깨달음은 외부의 목표에 연연하기보다는 내면의 가치에 더욱더 집중할 수 있게 도와준다. 그렇다고 이런 마음가짐이 외적인 성취를 이루려는 과정에 걸림돌이 되는 것은 아니다. 초연하고 겸허한 태도로 살아가면, 무언가를 쟁취하려고 억지로 애쓸 때보다 오히려 목표에 더 잘 도달할 수 있다.

6

적절한 정도를 찾는 길

하늘의 도는 너무 많은 것은 줄이고,
부족한 것은 더하는 것이다.
하지만 사람의 뜻은 그렇지 않다.

—노자

매사에 감사하는 마음과 겸손한 태도는 모든 면에 있어 절제하는 능력과 일맥상통한다. 이는 우리를 걷기와 밀접하게 관련된 또 다른 핵심적인 지혜로 이끈다. "이득을 취함에 있어 절제는 꼭 필요한 일"이라는 그리스 시인 핀다로스의 요구 사항은 전장의 내용과도 연결된다. 핀다로스는 이런 태도가 사람에게 얼마나 어려운 일인지도 이야기한다.

하지만 우매함은 더 격하게,
이룰 수 없는 것을 간절히 소망하도록
우리를 자극하나니.[1]

고대 그리스의 철학자 데모크리토스 역시 자기 자신의 힘과 재능을 넘어서는 일은 그 무엇도 도모하지 말기를 권고한다.[2] 장시간 도보 여행을 하다 보면, 자신의 한계를 파악하고 그 이상 나아가지 않는 것이 얼마나 중요한지 확실하게 깨닫는다. 걷기 속도만 해도 그렇다. 자신의 리듬을 찾고, 자기 몸에 적합한 속도로 걷는 것이 중요하다. 걷기 루트나 일정 등도 자신의 능력에 맞게 조정해야 한다. 중요한 것은 자신에게 모자라지도 넘치지도 않아야 한다는 점이다. 데모크리토스는 말한다. "모든 것에서 중용이 좋은 것이다. 나는 과도함과 모자람 둘 다 좋아하지 않는다."[3] 이런 지혜를 우리는 모든 것에 적용할 수 있다. 자신의 능력을 과대평가하면 반드시 뒤탈이 있다. 또 한 번 걷기를 예로 들자면, 힘에 부쳐 더는 걷는 일이 즐겁지가 않고, 발에 물집이 잡히거나 크고 작은 부상을 당할 수도 있다. 길고 고된 여행을 하려면 근육과 인대가 충분히 단련된 상태여야 한다.

도보 여행을 하는 동안, 우리는 한편으로는 신체의 잠재력을 길어내고, 스스로의 한계에 도전하는 것이 얼마나 좋은지를, 다른 한편으로는 이런 한계를 무시하고 밀어붙이는 것이 얼마나 해로운지를 깨달을 수 있다. 이집트의 파피루스 문서에는 "자신의 힘을 과신하면, 스스로에게 해가 된다. 적절한 정도를 넘어선 너무 큰 나뭇가지는 반드시 꺾이고 만다"라고 쓰여 있다.[4] 노자는 현자는 "너무 심한 것, 너무 많은 것, 너무 큰 것"을 피한다고 말한다.[5] 일본의 한 다도 스승은 욕심에 눈이 멀어 무절제하게 자신을 착취하고, 몸과 마음을 계속 도에 넘치게 밀어붙이면 "결국 쓰러져 죽는다"고 말한다.[6] 다음과 같은 공자의 말도 귀담아들어야 할 것이다. "적절한 시간을 지키지 않고 자거나 휴식하는 사람, 절제하지 않고 먹고 마시는 사람, 지나치게 게으름을 피우거나 스스로를 혹사하는 사람. 질병은 이런 모든 사람들을 가만두지 않는다."[7]

노련한 도보 여행자는 자신의 한계를 정확히 파악하여 정도를 넘게 혹은 정도에 한참 못 미치게 도전하지 않는 것이 얼마나 중요한지를 잘 알고 있다. 우리가 도보 여행에서 경험한 스스로의 한계와 잠재력에 대한 깨달음을 일상에도 적용한다면, 삶을 다스리는 데에 큰 진전을 이룰 수 있을 것이다. 많은 면에서 우리의 건강과 행복은 자신의 정도를 얼마나 제대로 파악하느냐에 달려 있다. 단순히 먹고 마시는 일뿐만 아니라, 직장, 가족, 친구 그리고 자기 자신을 위해 얼마나 시간과 노력을 들이는지, 또한 휴식이나 휴가를 얼마나 누리는지에 관해서도 마찬가지다.

이외에도 창조적·예술적 재능을 계발하는 데에 얼마만큼 시간을 쓸 것인지, 즉 얼마나 자주 독서하고, 취미활동을 하고, 산책을 하는지 등 이 모든 문제에서 중용, 즉 지나치거나 모자라지 않은 적절한 정도를 아는 것이 중요하다. 우리 삶 전반에 걸쳐 정도를 따르는 일은, 우리가 얼마나 편안한 기분을 느끼는지, 자신의 삶에 적절한 균형을 찾아 두루두루 만족하고 행복한지를 결정한다. 중국 전국 시대의 사상가 순자는 말한다. "사람은 무엇을 하든 언제 어디서나 자기 안에 저울을 가지고 있는 것처럼 측량하는 법을 알아야 한다."[8] 부처도 이렇게 말한다.

저울과 같이 지혜롭게 저울질하여

최선을 이끌어내는 자는

사상가와 다름없다.[9]

고대 이집트의 문헌에서도 우리의 자아를 저울과 동일시해 표현했다. "그대는 저울과 하나니라. 저울의 척도가 잘못되면 그대도 잘못된다."[10] 중용을 그르치면 내적인 균형이 무너지고 불쾌해진다. 이런 일은 일상에서 흔하게 일어나는데, 여러 가지 삶의 상황에서 갖가지 이유 때문에 적절한 정도를 찾기란 무척 어려운 과제이기 때문이다. 우리는 첫인상을 분별없이 따르고, 외적인 허상에 속거나 매혹되고, 욕심에 이끌리고, 무엇을 어떻게 할 것인지 깊이 생각하지 않으며, 결과를 고려하지 않고 경솔하게 행동한다. 결국 균형 있는 삶을 살지 못하여 이로 인해 후유증을 겪는다. 순자는 계속해서 이렇게 말한다. "이성의 저울이 부정확하면, 좋아 보이는 것들 뒤에 화가 도사리고 있음에도 그것을 알지 못하고 마냥 그것을 행복으로 여긴다. 마찬가지로 불행해 보이는 것 뒤에 행복이 숨어 있을 수도 있다. 그리하여 인간은 행복과 불행을 보면서 착각한다."[11]

적절한 정도를 계속해 찾으려는 노력은 진정한 삶의 기술이다. 2600년 전, 공자는 "절도를 지키고, 중용을 유지하는 것. 이것이 가장 높은 차원의 지혜다. 이런 지혜는 이미 오래전부터 드물어졌다"라고 말했다.[12]

중용은 종종 극단적인 것의 사이에 놓인다. '중용'이라고 번역되는 독일어 미테^Mitte는 '양극단 사이의 중간'이라는 뜻 외에도 우리의 '마음과 인격의 중심'을 의미하기도 한다. 우리가 절제된 생활 방식으로 점점 더 다가가야 하는 중심 말이다. 우리는 자신만의 극히 개인적인 정도를 찾음으로써 내면의 균형과 초점을 유지할 수 있다. 중용을 윤리학의 중심에 둔 아리스토텔레스는 사람마다 개성, 능력, 경험 등이 각기 다르기 때문에 중용 또한 개개인마다 다를 수밖에 없다고 지적했다.

도보 여행을 떠날 때 자신의 체질과 상태에 따라 여행의 속도와 리듬, 거리나 기간을 정해야 하듯, 삶의 여러 문제들에 직면할 때도 늘 자기 자신을 고려하고 살펴야 한다. 여기서 중요한 점은 자신의 개인적 욕구를 고려하고, 올바른 우선순위와 가치를 따져보며, 적절한 시점을 맞춰야 한다는 것이다.

앞서 말했지만, 그리스인들은 이런 적절한 시점을 카이로스라 불렀으며, 기회의 신에게 카이로스라는 이름을 붙이기도 했다. 꼭 알맞은 순간을 그토록 중요하게 여긴 것이다. 카이로스는 시간에서의 중용, 즉 너무 늦지도 빠르지도 않은 시점으로 이해할 수 있다. 일상생활에서도 적절한 시점의 중요성에 대해 생각해볼 만한 상황이 있다. 배우자나 자녀, 회사 상사나 부하 직원에게 중요한 이야기를 하거나, 긴급한 문제를 언급해야 하는 시점을 생각해보자. 이때 부적절한 시점을 택해서 이야기를 하거나 마냥 이야기를 미루고 내버려두면 쓰디쓴 결과를 맛볼 것이다. 도보 여행을 할 때도 마찬가지다. 정상이 코앞인데, 금방이라도 소나기가 내릴 기미가 보인다면 잠시 등반을 멈춰야 할 때가 아닐까 싶어 신중을 기할 것이다. 중국의 옛 문헌에는 "적절하지 않을 때 혹은 아직 무르익지 않았을 때 움직이면 고통이 닥칠 위험이 있다"라고 쓰여 있다.[13] 다른 부분에는 이렇게 되어 있다. "내부와 외부에서 모든 일이 적시에 일어나면 만물이 생겨나고, 꽃필 것이다."[14]

모든 일에서 상황, 주변 환경, 그리고 자기 자신에 맞는 정도를 올바르게 파악하는 것이 중요하다. 이를 위해 우리는 자신의 한계를 알아야 하고 시험해봐야 한다. 규칙적으로 걷는 사람은 자신의 한계에 대한 감이 생긴다. 이런 기술을 내면화하면 어느새 목표에 도달하게 될 것이다. 도보 여행에서뿐만 아니라 일상에서도 자신을 민감하고 주의 깊게 살핀다면 모든 일에 지나치거나 무리하는 일은 없을 것이다. 그리스 철학자 플루타르코스는 말한다. "절제는 욕망을 줄이고 건강하게 유지하는 방식이다. 이것은 외부로부터의 쓸데없는 욕망을 근절하고, 필요하고 자연스러운 욕망은 적절한 때와 알맞은 정도를 분별하게 한다."[15]

물론 이런 말들은 이상에 가깝다. 규칙적으로 걷기 활동을 하거나 철학을 탐구하거나 혹은 두 가지 다 성실히 행한다고 해도 중용의 기술을 완벽하게 체화하기는 어렵다. 공자 같은 성인조차 매일을 한결같이 절도와 중용을 지키는 이를 본 적 없고, 스스로도 아직 그렇게 하지 못하고 있다고 했다.[16] 우리가 이상적 수준에 도달하는 지는 중요하지 않다. 다만, 이상을 모범으로 삼고 이상적인 방향으로 나아가다 보면 한 걸음 한 걸음 삶이 더 풍요로워질 것만은 분명하다.

산책 노트

도보 여행을 하는 동안 겪는 신체적 경험은 우리에게 절제란 무엇인지 가르쳐준다. 과한 것도 모자란 것도 좋지 않다. 일상생활에서는 특히 그렇다. 더 많은 것을 원하는 대신 "절제의 행복을 누리는 편"이 더 낫다. 우리는 내면에 저울이 있는 것처럼 살아야 한다. 마음의 저울로 우리가 무엇을 얼마만큼 필요로 하는지, 무엇은 차라리 포기하는 것이 나을지를 헤아려야 한다. 우리는 자신의 잠재력이나 한계를 면밀히 감지하여 자신에게 적절한 정도를 찾음으로써 내면의 균형을 유지할 수 있다.

자신에게 맞는 정도를 찾아 내면화하는 과정은 마치 스스로가 저울이 되는 것과 같다. 그러면 어느 때고 오래 고민하지 않아도 자연스럽게 올바른 균형을 맞출 수 있을 것이다. 이것이 바로 극단적인 상태로 치우치지 않는 중용의 길이다. 하지만 중용을 찾기란 쉬운 일이 아니다. 사람마다 개성과 능력 등이 각기 다르기에, 사람마다 적절하다 싶은 정도가 다르기 때문이다. 또한 시간적인 차원에서의 중용도 중요하다. 이는 어떤 행동을 하거나 하지 않을 "적절한 시점"을 말한다. 성공적인 삶에서 이런 시점은 매우 중요하다. 언제 무엇을 할지, 언제 무엇을 하지 않을지에 따라 종종 결과가 크게 달라지기 때문이다.

7

자연을 즐기며 걷는 길

현명한 사람은 행동할 때
조화의 법칙을 따른다.

—열자

전장에서 살펴본 중용을 지키는 자세에 이어 걷기와 실천 철학을 긴밀하게 연결하는 중요한 주제인 아름다움과 조화에 대해 살펴보려고 한다. 이 주제는 우리에게 다시금 자연을 환기시킨다. 우리는 자연을 찾아 걸을 때마다 자연의 아름다움을 누린다. 기묘한 모양의 바위, 웅장하게 깎인 협곡과 절벽, 드넓은 바다와 호수의 전경, 그림처럼 펼쳐진 능선, 탐스러운 꽃과 나무 등 다채로운 주변 풍경을 한껏 즐긴다. 햇볕이 피부에 닿는 걸 느끼며, 나뭇잎이 바스락거리는 소리를 듣고, 땅에서 올라오는 매혹적인 향기와 대기의 분위기에 매혹된다. 우리는 무한한 자연을 만끽하며, 감히 상상할 수 없는 태곳적부터 이곳에서 자연의 법칙과 리듬을 따라 유기적이고 조화로운 우주가 끊임없이 새로워져 왔음을 느낀다. 적어도 인간이 아직 개입하지 않은 곳에서는 그러하다고. 자연이 돌아가는 신비로운 법칙과 순환에서 우리는 힘의 자연스러운 균형을 의식하고, 절도와 중용의 면모를 깨닫는다.

수백만 년 전부터 이뤄진 진화 과정에서 모든 과도함과 모자람은 지양되고, 반대되는 것은 상쇄되어 차츰 다른 것들과 균형을 이루다가 다시금 긴장 상태가 찾아와 생동감 넘치는 대립의 상태로 전개된다. 모든 생물과 무생물은 전체 세계를 보존하고 끊임없이 새로워지려고 노력하는데, 그 모든 것들 낱낱이 균형 잡힌 관계에 부합하기 위해 적절한 비율을 유지하는 듯하다. 이런 비율이 깨지면 생존이 불리해져 조만간 사멸하거나 형태를 바꾸고 새로운 존재를 위한 자리를 마련해준다.

도보 여행을 좋아했던 가이바라 에키켄은 이를 인상적인 문장으로 표현한다. 그는 온갖 악조건에도 수만 킬로미터를 걷고 또 걷고, 일본에 있는 산이란 산은 죄다 올랐다고도 전해진다.

"하늘과 땅의 자연법칙은 매년 일정한 주기로 드러난다. 태곳적부터 사계절이 오가고, 풍경은 부단하게 다른 얼굴을 보여준다. 아침의 모습과 저녁의 모습이 번갈아 가며 온다. 광휘를 뿜내는 해와 달, 습한 기운을 머금은 바람과 비, 깨끗한 서리와 눈, 느리게 흐르는 구름과 안개는 모두 하늘의 형상이며, 하늘의 영광을 이룬다. 우뚝 솟은 산, 유유히 흐르는 강물, 깊고 광활한 바다, 노래하는 날짐승, 움직이는 들짐승, 무성한 나무는 땅의 형상이며, 땅의 영광을 이룬다. 이런 자연 경관을 바라보며 마음 가득 흡족함이 차오르는 사람에게는 이 얼마나 큰 기쁨인지!"[1]

우리의 본성은 자연의 일부

자연 속을 누비면서 우리는 절묘한 비율과 색채가 어우러진 자연의 조화와 균형을 경험한다. 그러면서 에키켄이 강조했듯 마음 깊숙한 곳에서부터 솟아오르는 기쁨을 느낀다. 또한 우리 자신 역시 끊임없이 새로워지는 순환의 일부임을 깨닫는다. 우리 몸과 마음에서도 성장과 쇠락, 발산과 수렴, 분산과 집중, 부조화와 조화 등 상반된 것들이 균형을 이루며 전체가 계속 존속하게끔 작동함을 느낀다. 초기 스토아학파 철학자 크리시포스는 이렇게 말한다.

"덕스러운[지혜로운] 삶은 자연적으로 일어나는 일에 대한 경험을 토대로 한다. 우리의 본성은 자연의 일부다. 그러므로 최고의 선은 자연에 따라 살아가는 것이다. 자신의 본성과 자연에 따라 사는 것이다. 그럴 때 우리는 일반적인 법칙, 즉 모든 것에 스며 있는 올바른 이성 ─ 이런 이성은 세계를 통치하는 제우스와 같다 ─ 이 금하는 일을 하지 않는다. 바로 이것에 행복한 자의 덕[지혜]과 삶의 아름다운 흐름이 있어서 모든 것이 개인의 개성과 세계 지배자[자연]의 뜻에 일치하게 이루어진다."[2]

우리의 고유한 본성은 자연의 일부이기에 우리는 자연의 아름다움을 접하면 자신의 기원을 느끼고, 고향에 온 듯한 기분을 느낀다. 이런 경험은 행복감과 친밀감을 불러일으킨다. 우리는 감각을 통해 미적 즐거움을 누리고, 자연에서 작용하는 힘을 느낀다. 우리가 자연을 즐기면서 느끼고 경험한 것은 우리의 본성에 녹아들어 우리 안에서 약동한다. 우리는 자연에서 자기 자신을 다시 깨닫는다. 마치 거울을 비춰보는 것처럼, 자연은 우리가 자연을 반영하듯 우리를 반영한다.

크리시포스는 자연과 우리 자신 안에서 작용하는 법칙을 이성 혹은 신의 질서라고 불렀다. 그렇다고 해서 우리가 항상 선하고 올바른 방향으로 "합리적으로" 행동한다는 의미는 아니다. 그런 경우는 오히려 드물고, 대부분의 경우 우리는 이성보다는 내면화된 사고와 행동 패턴에 따라 행동한다. 모든 행동과 사건에는 저마다 나름의 합당한 원인이 있다. 그러므로 이런 원인을 항상 명확히 인식하지는 못하더라도 원칙적으로는 누군가가 왜 그렇게 행동하는 것인지, 왜 그런 일이 생긴 것인지 이해할 수 있다. 이해할 수 있는 논리적 원인 없이는 아무 일도 일어나지 않는다. 이는 바로 독일의 철학자 헤겔이 남긴 '실재하는 것은 모두 이성적이고, 이성적인 것은 모두 실재한다'는 유명한 문장의 의미다.

고대 로마의 철학자 키케로는 인간과 자연 사이의 내적 연결을 다음과 같이 설명했다. 18~19세기에 활동한 헤겔의 정신 철학을 선취한 듯 말이다. "지혜로운 사람이 자연 현상을 밤낮으로 숙고할 때, 저 델포이의 신이 명령한 인식이 생겨난다. 즉 정신이 스스로를 깨닫고, 신적인 정신과 연결되어 있다고 느낌으로써 무한한 기쁨으로 채워진다. 신들의 힘과 자연을 생각하노라면 자연스레 신들의 영원성을 닮고자 하는 소망이 생겨난다. 사물의 원인을 볼 때, 즉 하나가 다른 하나와 어떻게 맞물리고 필연적으로 연결되는지, 영원 전부터 한결같이 이성과 정신에 의해 지배되는지를 생각할 때, 인간은 짧은 삶에 스스로를 한정하지 않는다. (…) 이를 관조할 때, 더욱이 주변의 모든 것을 건너다볼 때 사람은 참으로 영혼의 안식을 느끼며 인간적인 것과 주변의 것에 대해 숙고한다!"[3]

인용된 키케로의 말을 좀 더 살펴보자. 인용문 속 "델포이의 신"은 아폴론 신을 의미한다. 앞서 언급했듯이 델포이에 있는 아폴론 신전에는 그 유명한 "너 자신을 알라"라는 말이 새겨져 있었는데, 키케로는 바로 그 말을 암시한 것이다. 그리스 신화에 나오는 강력한 신인 아폴론은 도보 여행에서의 자연 경험, 조화와 절제와 긴밀히 연결된 여러 측면을 상징한다. 특히 아폴론은 관조를 대변하는 신으로 세속적이고 일상적인 구속으로부터의 초연함과 자유를 상징한다.[4] "아폴론은 비할 데 없는 자유로움으로, 세상의 존재에 마주선 관조하는 정신으로 우리에게 나타난다."[5] 이런 신화적 상상에서 우리는 앞선 장에서 살펴본 통찰과 또다시 만난다. 우리가 자연을 걷는 동안 일상과 거리를 두고, 자기 자신과 자신의 삶을 조망함으로써 객관적 태도를 갖출 수 있으며, 이로 인해 스스로를 더 잘 이해하게 된다는 통찰 말이다.

나아가 키케로는 자연과 자연법칙을 신과 동일시한다. 신적인 것은 이성적인 것이다. 자연에서 일어나는 모든 사건에 질서와 구조로써 리듬과 조화를 만들고 유지한다. 이런 특성 역시 아폴론의 것으로 여겨진다. 아폴론은 학예의 신인 무사mousa를 주관하는 신으로서 조화를 꾀하는 지배자다. 종종 아폴론은 칠현금을 든 모습으로 묘사된다. 그리스 신화에 따르면, 아폴론이 켜는 칠현금 소리가 우주의 조화로운 운동을 관장한다. 그는 "인간 질서의 수호자"다.[6] "혼돈은 질서를 갖춰야 하고, 격동은 박자와 더불어 균형이 잡혀야 하며, 상반된 것은 조화 속에서 결합해야 한다. 그리하여 이 음악은 위대한 교육자이자, 세상과 인간 삶의 모든 질서의 기원이자, 상징이다. 음악가인 아폴론은 질서의 창시자이면서 옳은 것, 필요한 것, 미래의 것을 아는 자다."[7] 이와 아주 유사하게 인도의 창조 신화는 모든 존재의 인격화된 원리인 브라흐마를 노래하는 창조신으로 묘사한다. "태초에 여기에 아무것도 없었다. (…) 그때 그가 마나스(마음, 의지)를 창조했다. (…) 그가 찬양하며 걷자, 물이 생겨났다. 그가 '내가 찬양하자 내게 기쁨이 왔다'라고 말했기 때문이다."[8] 창조의 시작에 노래와 기쁨이 있는 것이다.

명나라의 작가 도륭이 쓴 《명료자유》의 주인공 명료자는 상상 속에서 유람을 떠나면서 이렇게 묘사한다. "나는 거룩한 산의 신이 스스로 권좌에 자리 잡고, 시중드는 이들이 그를 알현하는 것을 보는 것일 수도 있다. (…) 공기는 피리 소리와 종소리로 가득하고, 궁전의 지붕은 장막을 두른 듯 구름과 안개로 뒤덮여 있어 그 윤곽이 뚜렷이 보였다가 금세 사라지고, 모든 것이 가까운 동시에 무한히 멀어 보인다. 아! 신들의 음악을 들으니 세 배는 행복하구나."[9]

　인간의 손이 닿지 않은 자연의 아름다움과 조화는 "신들의 음악"으로 일컬어진다. 그리스 신화 속 헤르메스가 목동의 피리와 현악기인 리라를 발명했다고 여겨지는 것도 우연이 아닐 것이다. 헤르메스는 방랑자의 보호자이자 그들을 인도하고 길을 안내하는 신이다. 헤르메스hermes라는 이름 자체가 길가의 돌무더기(그리스어로 herma)에서 유래했는데, 이런 돌무더기는 고대에 이정표로 쓰였다. 헤르메스는 아폴론에게 리라에 이어 목동의 피리를 선물했다고 하는데, 헤르메스는 그 피리에 대해 이렇게 말했다. "진실로, 여기에 세 가지 이득이 있구나, 행복과 사랑, 그리고 달콤한 잠이 그것이다!"[10] 헤르메스는 방랑자를 위험천만한 길에서 인도하는 수호자일 뿐 아니라, 성공과 행복을 가져다주는 신이며,[11] 죽은 영혼을 영원의 길로 안내하는 "영혼의 길잡이"이기도 하다.

　세네카 또한 자연을 신 또는 신적인 것과 동일시한다. "자연은 신이요, 우주와 그 일부분에 심긴 신적 근원이지 무엇이겠는가?"[12] 일반적으로 철학사에서는 이런 범신론적 사고를 17세기에 활동한 네덜란드의 철학자 스피노자의 사상과 연결시킨다. 하지만 범신론적 사상은 이미 고대에서부터 발현되었다. 우리가 자연에서 경험할 수 있는 어떤 것을 신, 영원한 존재, 도, 범ᵗᵉ(브라만교에서 우주의 근본 원리-옮긴이), 세계의 근원, 미, 선, 조화 혹은 보편적인 법칙이라고 부를 수 있다. 우리는 자연에서 형언할 수 없는 무한하고, 영원하며,

우리보다 더 크고 강력한 어떤 것을 마음으로 느낀다. 우리는 자연을 만끽하면서 우리 스스로가 이 영원한 질서의 일부임을 경험하고 행복감에 젖는다. 키케로가 말했듯 우리를 "영혼의 안식"으로 인도하는 "무한한 기쁨"으로 충만해진다.

자연 안에서 다다르는 마음의 안식

이 고요한 안식 속에서 우리는 "인간적인 것과 주변의 것에 대해 숙고한다." 우리의 삶과 일상생활을 곰곰 생각하고, 그것을 점검하고, 삶의 가치를 돌아보며 새롭게 조율하고, 무언가를 변화시키려고 할 것이다. 마르쿠스 아우렐리우스는 이렇게 썼다. "내게 '안식'은 다름 아닌 완성된 조화다. 그러므로 지속적으로 이런 안식처를 찾아 스스로를 새롭게 할지니."[13] 14세기 일본의 선불교 승려는 마음의 평화와 기쁨을 가져다주는 장시간의 걷기와 자연 경험이 바로 "종교적 수련"이라며, 이는 철학, 즉 "참된 진리 추구"와 많은 관계가 있다고 했다. "산, 강, 대지, 풀, 나무, 돌을 자신의 존재 그 자체로 느끼는 사람들은 〔자연을 감각적으로 누리는 가운데〕 자연에 대한 그들의 사랑으로 세속적인 감정에 사로잡혀 있는 것처럼 보이지만, 실제로는 바로 이 점에서 그들이 참되게 진리를 추구하고 있음이 드러난다."[14]

걷는 동안 자연을 경험함으로써 마음의 안식을 얻을 수 있다는 사실은 다시 한 번 아폴론을 떠오르게 한다. 그리스인들은 아폴론을 몸과 마음을 건강하게 하는 의술의 신이면서 정화하는 자, 해방을 가져다주는 자, 구원자로 여겼기 때문이다.[15] 아폴론은 두려움, 걱정, 분노, 질투, 욕심, 과도한 열정 같은 고통스러운 감정에서 마음을 정화해준다. 이런 부정적인 감정의 정화는 균형 잡히고, 온화하며 평화로운 마음으로 이어진다.

싱그러운 자연 경관을 즐기며 꽤 긴 시간 걷다 보면 땀과 함께 몸속 노폐물이 배출되고, 신진대사가 촉진되는 신체적 효과가 일어난다. 또한 "머리가 맑아지면서" 정신적 정화 효과도 찾아온다. 오래 걷고 나면 찾아드는 기쁨, 환희, 마음의 평화와 균형감이 그것이다. 물론 이것은 운동할 때 분비되는 엔도르핀, 세로토닌, 노르아드레날린 같은 소위 행복 호르몬이 불러일으키는 효과이기도 하다. 그러나 걷고 나면 우리의 사고나 신념이 활력을 되찾고 새로워진다는 사실은, 걷기가 우리의 정신적인 부분을 넘어 영혼 깊은 곳까지 자극한다는 점을 분명히 보여준다. 스트레스와 부정적인 감정에서 벗어나 다시금 맑고 균형 잡힌 마음을 갖게 되면 우리는 이를 내면의 기쁨과 만족감으로 느낀다.

그런데 오늘날의 과도한 소비문화와 물질적 풍요는, 우리가 자연을 온전히 누리지 못하게 할 수 있다. 세네카는 "물질적 풍요는 자연과 유리된다"라고 말한다.[16] 자연을 찾아 걷다 보면 고도로 산업

화된 소비 사회에서 행복의 필수 조건으로 여겨지는 것들 중 많은 것이 사실은 우리가 행복해지는 데에 그리 큰 영향을 주지 않음을 깨닫게 된다. 우리 스스로 만족할 수 있음을, 행복과 불행은 자기의 마음에 달린 것임을, 행복을 위해 필요한 모든 것이 이미 자기 안에 있음을 경험한다. 메가라의 철학자 스틸포는 그가 살던 도시가 적에게 함락되자, 그에게 재산 피해 정도를 묻는 사람들에게 이렇게 대답했다고 한다. "내 모든 재산은 내 안에 있습니다."[17] 여기서 재산이란 스틸포가 스스로 지녔다고 믿는 내적 가치와 마음 상태를 말한 것이다.

지혜로운 사람은 자연에 따라 살아간다

걷기를 통해 자연의 조화와 아름다움, 마음의 안식과 자족감을 오롯이 경험하면 우리의 인격이 성장하고, 삶에 대한 태도가 달라진다. 우리는 생명을 조화롭게 유지하고 유기적으로 성장하는 자연의 진화 법칙을 배운다. 또한 이를 삶에 적용하는 것이 얼마나 중요한지를 깨닫는다. 소크라테스 이전 시기의 주요한 철학자 헤라클레이토스에게 자연의 이치를 알아차리고 따르는 것은 지혜로운 삶의 한 부분이었다. 그는 인간과 자연의 관계를 다음과 같이 간결하게 표현했다. "지혜는 (…) 자연에 순응하며, 자연에 따라 살아가는 것이다."[18] 이런 주장은 훗날 스토아철학의 중심 사상이 되었으며, 중국의 도교에서도 비슷한 사상을 발견할 수 있다.

"자연에 따라 살아가는 것"이란 우리의 신체적 기능뿐 아니라 마음과도 관계되는 태도다. 자주 우리 마음에서는 여러 힘들이 서로 억압하고, 억누르려고 다툼이 벌어지기 때문에 서로 다른 힘들이 조화롭게 균형을 이루도록 해야 한다.

예를 들어, 우리는 무엇에도 얽매이지 않는 자유로운 상태를 동경하는 동시에 유대감 있는 인간관계에서 안정을 느끼고 싶어 하는 존재다. 사회적으로 왕성하게 활동하기를 원하면서도 그에 따른 압박감, 의무, 제약 때문에 힘들어한다. 진정한 자신으로 살기를 원하면서도 사회와 관습에 맞서기를 꺼린다. 또한 새로운 일을 시도하거나 전에 없던 길을 개척해나가고 싶어 하지만 여간해서는 사회적 안전을 포기하고 싶어 하지도 않는다. 우리는 속도와 느림을 동시에 동경한다. 모순되어 보이지만 이처럼 우리는 상반되는 욕망을 가지고 있으므로 무언가 추구하거나 욕망함에 있어 어느 한쪽에 치우치지 않고 균형을 이루려고 노력해야 할 것이다.

"사람은 욕망의 절제와 조화로운 삶을 통해 명랑함에 이른다"라고 데모크리토스는 말한다.[19] 여기서 "명랑함"이란 그리스어로 '평정'을 뜻하는 에우티미아euthymia와 가까운 마음 상태로, 급격한 기분의 변화 없이 마음이 고요하고 밝고 흐려지지 않는 상태를 의미한다. 이 모든 것은 자신의 마음을 세심하게 돌보고, 집중한 결과인데, 이 역시도 자연을 걸어 다니며 내면을 가지런히 하는 동안 잘할 수 있는 일이다.

"적절한 비율"을 유지하고 "삶의 조화"를 이루려는 노력은 미학적 차원으로 확장된다. 삶을 잘 살아내는 것은 예술적 기술이요, 창조적인 활동이다. 우리는 의식적으로 자기 삶의 디자이너이자 조각가가 되어야 한다. 그리스 철학자들에게 선한 영혼은 곧 아름다운 영혼이기도 했다. 소크라테스는 목신인 판에게 이렇게 기도했다. "사랑하는 판이여, 제가 내면이 아름다운 사람이 되게 하소서. 제가 가진 모든 외부의 소유물이 내면과 상충되지 않게 하소서. 제게 그럭저럭 이성적인 사람이 감당할 만한 정도의 부만을 허락해주소서. 지혜로운 자가 곧 부유한 자인 것 같습니다."[20] 삶의 지혜와 내면의 아름다움은 서로 통한다. 소크라테스의 제자인 플라톤에게도 윤리학과 미학, 선한 삶과 아름다운 삶은 서로 분리할 수 없는 것이었다.[21] 플라톤을 비롯한 당대의 철학자들에게 인격의 발달이란 내면의 힘들이 조화롭게 어우러질 수 있도록, 오늘날 우리가 내면의 균형 혹은 평정심이라고 일컫는 상태를 이루도록 자기 자신을 빚어나가는 것이었다.

고대 그리스와 인도의 철학자들과 중국의 공자가 강조한 자기 교육의 목표는 내면의 조화를 이루고, 중용에 다다르는 것이었다. "지혜로운 사람의 길은 그 자신의 인격에 뿌리를 둔다." 중국의 한 문헌에는 이렇게 나와 있다. "지혜로운 자는 자신의 길을 하늘과 땅의 자연스러운 흐름에 맞추니, 걸림돌을 보지 못한다."[22] "희로애락이 아직 일어나지 않은 상태를 중용이라 하고, 이런 감정이 일어났더라도 모두 절도에 맞는 정도일 때를 조화라 칭한다. 중용은 천하 만물의 뿌리이고, 조화는 천하 만물의 공통된 바른 길이다. 중용이 조화에 이르면, 하늘과 땅은 그에 합당한 자리를 찾고, 만물이 꽃핀다."[23]

조화로운 법칙이 내재된 자연은 우리가 삶을 살아가는 데에 적용할 기준이 된다. 노자의 사상을 담은 《도덕경》에는 "사람은 땅을 본받고, 땅은 하늘을 본받고, 하늘은 도를 본받고, 도는 자연의 이치를 본받는다"라고 쓰여 있다.[24] 헤라클레이토스에게 지혜는 자연에 귀를 기울이는 것이다. 그는 "지혜는 자연에 귀 기울이는 가운데 참된 것을 말하고 행하는 것"이라고 했다.[25] 고대 동서양을 통틀어 어떤 현자도 이 말에 반대하지 않을 것이다. 그러므로 사람은 "자연에 따라" 살아야 한다는 요구 사항이 지속적으로 반복되는 것이다. 자연 속에서 오랜 시간을 걸어 다니며 자연의 아름다움과 조화에 물들고 영감을 얻는 순간만큼 이 말이 무슨 의미인지를 실감 나게 경험할 때는 없다.

우리는 자연이라는 모범과 가까이하고, 몸과 마음 모두 영향받는 가운데, 자연스럽게 조화, 아름다움, 균형에 대해 배운다. 자연의 아름다움을 만끽하며 걷는 동안 이미 배움은 일어난다.

자연과 하나 되며 나 자신의 중심에 이르다

나는 여유롭게 걷는 동안, 특히 오롯이 혼자 걸을 때마다 마음이 차분해지고, 내 중심에 더 가까워지는 듯한 기분이 든다. "사람들이 모인 곳에 갈 때마다 도덕적으로 모종의 불편한 마음을 안고 돌아온다"라고 했던 세네카의 말이 무슨 뜻인지 이해가 간다. 세네카는 이렇게 말을 잇는다. "사람들과 어울리다 보면, 가지런했던 마음이 흐트러지고 혼란에 빠지며 마음에서 놓아보냈던 것들이 되돌아온다. (…) 그러니 가능한 한 자신에게로 침잠하라. 그대를 더 좋은 사람으로 만들어줄 수 있는 사람과만 교제하라. 그대를 더 좋은 사람으로 만들어줄 수 있는 사람만을 가까이하라. 그렇게 하면 서로 영향을 주고받을 수 있을 것이다. 사람은 가르치면서 배운다."[26]

군중 속에 있을 때 우리는 자신의 중심을 잃을 위험에 자주 놓인다. 반면 차분히 자연 속을 걷는 동안에는 중심에 가닿을 기회를 갖는다. 물론 세네카도 다른 사람들과 더불어 살아가는 것이 우리에게는 숨쉬기만큼이나 불가결하다는 사실을 틀림없이 알았을 것이다. 공동체 속에서만 경험할 수 있는 행복, 성취감이 분명 있다는 것을 말이다. 그러나 애정이나 진심 어린 지지가 전제되지 않고 그저 사업상의 유익이나 이해관계가 기반이 되는 모임이나 만남은 그와는 구분되어야 한다. 이런 만남이나 모임에서는 오히려 세네카가 묘사한 소외감을 느끼고 내적 균형을 잃기 쉽다.

나도 그런 상태를 일상에서 자주 경험하곤 했다. 특히 사업상 미팅처럼 부담스러운 자리에서는 가면을 쓴 듯한 내 모습이 부자연스러웠고, 겉도는 듯한 스몰토크를 상대방과 나누고 나면 기운이 쪽 빠졌다. 내 안의 기력이란 기력을 쥐어짜낸 듯 애를 쓰고 돌아오면, 허무감이 밀려왔다. 진정성이 결여된 시간을 보낸 듯한 느낌이 마음의 짐처럼 나를 압박해왔다. 마음을 서로 터놓고 나누는 대화, 진실한 감정을 주고받는 일이 무척 그리웠다.

자연을 걸어 다닐 때면 그런 피상적인 만남과 정확히 반대되는 경험을 한다. 모든 가면이 내게서 떨어져나가고, 자연과 하나가 되는 동시에 나의 중심에 이른다. 그것은 아마도 자연이 우리에게 – 자연에 겸허하게 순응하고, 자연을 파괴하지 않는 것 외에는 – 아무것도 기대하지 않기 때문일 것이다.

18세기에 활동한 철학자이자 사상가 루소는 자연과 단순한 삶, 기꺼이 고독하게 숲과 들을 산책하는 일에 각별한 애정을 가지고, 당대에 걷기 열풍을 일으켰다. 이성보다는 감성을 중시하는 낭만주의의 탄생에 지대한 영향을 끼쳤던 그는, 사람들과 어울리는 일과 내적 평온을 이루는 일 사이의 긴장감을 잘 알았다. 사람들 때문에 힘들 때면 그는 자연으로 도피했는데, 자연의 아름다움과 조화가 그의 마음에 안식과 지고의 행복을 안겨주었다. "나는 서둘러 드넓게 펼쳐진 들판을 향해 걷는다. 눈앞에 초록빛이 가득해지자마자, 자유롭게 숨을 쉰다. 그러니 내가 고독을 사랑하는 것이 당연한 일 아니겠는가? 사람들의 얼굴에는 적개심 외에는 다른 표정이 잘 드러나지 않지만, 자연은 내게 늘 미소를 지어준다."[27] "악의적인 사람들의 무리를 벗어나면" 그는 행복했다. "나무 아래나 푸른 숲속에 있을 때, 나는 지상 낙원에 왔다는 생각이 든다. 마치 내가 가장 행복한 인간인 것처럼, 생동감 넘치는 내면의 만족감을 느낀다."[28]

루소는 당대의 국가관, 교육관에 반하는 혁명적 견해를 견지하여 사회적 지탄을 받았다. 그가 쓴 저작들은 압수되었으며, 체포 영장을 발부받아 한동안 숨어 지내야 했다. 루소는 시골에 은거하며 한가로이 식물을 연구하면서 일생에서 가장 행복한 시절을 보냈다. 그 시절을 그는 이렇게 적었다. "나는 내가 하고 싶었던 것을 했고, 비로소 내가 원하던 내가 되었다. (…) 물밀 듯 밀려오는 부드러운 감정과 더불어 내 마음은 고독과 관조에 이끌렸다. 소란하고 시끄러운 세상에서 이런 감정은 제한되고 질식된다. 고요와 안식만이 그것들을 일깨우고 강화한다. 사랑할 수 있으려면 나 자신을 가지런히 모아야 한다. (…) 그곳에서 보낸 4~5년 동안 내 운명의 모든 고초를 덮고도 남는 순수하고 완전한 행복을 누렸다."[29]

나는 루소처럼 사회와 큰 마찰을 겪지는 않지만, 사회에서 유리되어 자연에서 안온감을 추구할 때의 묘미를 익히 실감한다. 세상일에 매여 산만했던 내면이 자연 속을 누빌 때마다 평화롭고 균형 잡힌 상태로 전환되는 경험을 한다. 걷는 동안 내 영혼은 자연의 빛깔과 아름다움을 흠뻑 받아들인다. 내 시야를 흐리는 집착으로 가득한 일상을 벗어난 뒤 마음의 중심으로 돌아가 비로소 나 자신에게 이를 때, 내 영혼은 조화로운 균형을 이룬다. "내면의 안식"을 이뤘다고 할 만한 이와 같은 상태는, 더없이 깊은 행복, 순수한 기쁨의 순간이다. 앞으로도 나는 걸어 다니면서 내 뿌리에, 가장 강력한 힘의 원천에, 내 존재의 근원에 도달할 것이다. 계속하여 그리로 돌아가, 새롭게 힘을 얻고 스스로 곧추설 때만이 내 운명의 주인이자, 키잡이로 살아갈 수 있을 것이다. 그러니 걷기 없는 인생을 어찌 상상할 수 있겠는가.

산책 노트

자연을 이루는 모든 것은 분열과 화해, 긴장과 조화, 혼돈과 질서 사이를 번갈아 가며 존재한다. 이를 좀 더 면밀하게 들여다보면, 끊임없이 전체 균형을 이루려는 적절한 비율, 이성적인 신적 질서를 알아차릴 수 있다. 그 안의 모든 것은 발달, 성장, 절정, 소멸, 탄생의 과정을 거듭하며 생동감 있게 운동한다. 이 각각의 과정은 형태로 빚어진 음악과 같다. 이 음악은 계속해서 불협화음을 해소하고 화음으로 이끌어 아름다움과 기쁨을 확산시킨다. 우리는 이 영원한 질서의 일부다. 대자연을 걷는 동안 우리는 이런 질서의 아름다움을 감각적으로, 정신적으로 경험한다. 자연의 광대함이나 영구한 것과 일회적인 것의 끝없는 순환은 우리의 마음을 고요한 상태로 이끈다. 내면의 고요함은 우리 안에 행복감을 불러일으킨다. 동시에 우리는 행복하기 위해 그리 많은 것이 필요하지 않음을 깨닫는다. 자연의 아름다움에 대한 강렬한 경험은 우리의 영혼에 스며들어, 자연의 모범을 따라 마음을 조화로이 정돈하고 내적 갈등을 극복하려는 경향이 절로 생겨나도록 한다.

8

안온한 내면에 이르는 길

아무리 지혜로운 자라도 때때로 쉬지 않으면

그의 성품도 무익하니.

—고대 이집트의 격언

자연의 무한함과 영원함, 광활함과 고요함을 경험하면 우리의 영혼은 진정되고, 마음속 깊은 곳까지 안온한 행복을 느낀다. 이것이 바로 내면의 안식이다. 동서양의 고대 철학자들은 내면이 고요함을 유지하고 균형 잡힌 가운데 마음의 안식에 이르는 것을 삶의 목표이자 의미로 여겼으며, 인간이 도달할 수 있는 최고의 행복으로 생각했다.

18세기 일본의 한 선사는 이렇게 말했다. "균형 잡힌 마음의 본질은 바로 마음의 안식이다."[1]

전장에서 살펴봤듯, 우리가 자연에서 발견할 수 있는 조화란 기실 정적인 상태가 아니다. 상반되는 것, 모순적인 것들이 움직이고 어우러지는 상태를 의미한다. 서로 다른 힘들이 집결되기도 하고, 일시적으로 해체되기도 하는 역동의 과정이며, 끊임없이 균형을 이루려는 과정이다. 이는 우리의 내적 균형으로서 마음이 안식을 이루는 상태, 그리고 마음의 안식에 이르는 한 방법인 걷기에도 동일하게 적용된다. 비슷한 보폭으로 단조로울 만큼 균일하게 걷는 가운데 내면에 안온감이 깃든다. 우리는 움직임 속에서 안식에 이른다.

걱정과 염려로 얼룩진 일상은, 우리가 고요한 자연을 느끼며 걷는 동안 뒤로 물러난다. "외부와 단절된" 듯한 이런 순간에 자기 자신에게 오롯하게 집중할 수 있는데, 이럴 때 새로운 생각이 탄생하고, 착상이나 흐릿했던 결심이 무르익는다.

고요하게 혼자 걷는 일은 일종의 명상과 같다. 우리는 스트레스에 휘둘리는 일상의 자아를 몇 시간 동안 집에 두고 잊어버릴 수 있다. 걷는 동안에는 마음이 정돈되고, 정신은 더 명료해진다. 나아가 우리가 살아가는 세계에 대한 더 나은 통찰을 얻고, 일상으로 돌아갈 힘과 활기를 얻는다. 나 또한 걸으며 이를 절실히 느낀다. 대자연의 정기를 한껏 받으면서 부정적인 감정과 헛된 욕망을 씻어내고, 나 자신에게 온전히 집중하면 내 중심과 더 가까워진다. 이로써 걷기는 내게 커다란 힘의 원천이 된다.

염세관을 주장한 쇼펜하우어는 사람은 하나의 욕망을 충족하면 필연적으로 권태감을 느끼고 새로운 욕망을 갈망하기에, 지속적인 행복이나 안식에 이르지 못한다고 보았다. 이런 고통에서 벗어나기 위한 유일한 길은 아무것도 바라지 않는 것이라고 주장했는데, 이에 이르는 한 가지 방법으로 '미적 경험'을 제안했다. 아름다운 예술 작품이나 자연 경관 앞에서 번잡함과 욕망으로 가득 찬 일상의 자아를 완전히 잊어버리고, 순수한 즐거움에 몰입하여 내면이 고요하고 평온한 기쁨으로 가득해지도록 해야 한다는 것이다. 토마스 만은 쇼펜하우어의 견해를 두고 이렇게 설명하기도 했다.

"인식이 의지에서 분리되고, 주체가 아무런 의지 없이 순수하게 인식의 주체가 되는 기적이 일어나는 상태다. 이를 미학적 상태라고 부른다. (…) 칸트는 '사심이 없는 상태에서 마음에 기쁘게 다가오는 것이 아름다움이다'라고 정의한 바 있다. 사심이 없다는 것은 쇼펜하우어에게는 바로 의지와 무관하다는 것을 뜻한다. 미적 만족은 순수하고, 사심 없고, 의지로부터 자유로운 것이었다. 그것은 가장 강렬한 동시에 가장 명랑한 '표상'이었다. 맑고, 투명하고, 고요한 관조였다."[2]

약간 과장처럼 들릴지도 모르지만, 나는 모든 도보 여행자는 만이 설명한 미적 만족의 경험, 즉 우리의 영혼에 강렬하게 영향을 미치는 경험에 대해 알고 있다고 확신한다. 이런 일은 보통 긴 시간 등반한 후 정상에 다다라 마주하는 드넓은 전경 앞에서, 절경을 이루는 산봉우리 너머로 해가 막 떠오르거나 지고 있는 광경 앞에서 모든 것을 훌훌 벗어던진 듯 오직 자연이 선사하는 아름다움을 순수하게 즐기며 기뻐할 때 일어난다. 그럴 때 우리는 세계를 지탱해주는 깊은 근원을 느끼며, 일상적 자아의 한계를 잊는다. 나아가 대자연과 하나가 된다. "물은 물결이 빚어내는 형태의 유희로부터 형태 없는 고요함과 투명함으로, 그의 순수한 본질로 돌아갈 수 있다. 이처럼 우리의 자아는 그 모든 방랑을 거쳐 순수하고 형태가 없으며, 형언할 수 없는 존재로 스스로 변화할 수 있다. 인도의 모든 구원의 교리에서 볼 수 있는 이런 자기 변화의 과정은 보다 높은 목표

로 귀환하는 길이기도 하다."³

장자는 긴 방랑길에서 우리 안에 떠오를 수 있는 예감이나 전망을 이렇게 묘사한다. "자연의 가장 내밀한 본질을 받아들일 줄 아는 자, 경계 없는 곳에서 방랑하며 근원적 힘의 변화에 몸을 맡기는 자는 외부의 일에 연연하지 않는다. 지고의 인간은 자기 자신으로부터 자유롭다."⁴ 이렇듯 외부의 풍경과, 자연 존재의 근원과 하나가 되는 경험은 걷는 과정 중 가장 아름다운 순간이다. 이때 우리는 모든 세속적인 구속이나 일상의 짐, 걱정거리는 잊어버린다. 자기의 중심으로, 본연의 자신에게로 가닿는다. 니체는 말한다. "많이 보기 위해서는 스스로에게서 시선을 돌릴 줄 알아야 한다. 산을 오르는 자에게는 이런 엄격함이 필요하다."⁵ 이런 순간은 우리 삶에 있어 철학적·형이상학적 의미를 갖고, 우리의 정서 생활에 지속적으로 영향을 미치는 힘이 있다. 이런 영향은 그 순간이 주는 행복을 훨씬 뛰어넘는다.

산책 노트

우리의 행복을 이루는 내면의 고요와 균형은 결코 정지 상태를 의미하지 않는다. 역동적 생동감으로 가득 찬, 내면의 동요와 긴장감에 가깝다. 침묵하고 있는 듯한 자연 속에서 우리는 한 발, 두 발 내딛는 걸음에 실린 리듬을 느끼며, 자연을 진하게 경험하고, 자신의 중심에 이른다. 자연을 찾아 걷는 일은 내면으로의 몰입, 내적 정돈을 거쳐 스스로와 사물에 이르는 길로, 마치 명상과도 같다. 또한 이로써 움직임이자 정지, 나아감이자 동시에 자신 안에서 안식하는 상태에 다다를 수 있다.

단조로운 움직임을 반복하며 얻는 이 고요한 균형 안에서 우리가 살아가는 세계를 더 명확하고 본질적으로 인식할 수 있다. 이를 통해 우리는 일상에서 잘 적응할 힘을 얻는다. 또한 자연을 접하면서 우리는 예술 작품을 순수하게 즐길 때 드는 미적 감흥과 비슷한 정서 상태에 빠지기도 한다. 이런 상태에서는 우리가 보고 느끼는 것을 더 사심 없이 받아들이고, 더 큰 충만감과 내적 행복을 느낀다.

9

더 큰 기쁨에 다다르는 길

내면의 고요함 덕분에
비할 데 없는 기쁨을 얻는다.

─파탄잘리

순수한 자연을 마주하여 내면의 고요와 균형을 경험하면, 큰 기쁨과 행복감이 일어난다. 가이바라 에키켄은 이런 기쁨 안에서 커다란 생명력, 즉 "기"의 작용을 인식한다. 기는 고대 중국 철학, 특히 도교 철학에서 가장 중요한 개념으로, 인간이 숨 쉴 때 나오는 기운, 에너지, 힘, 감정을 나타낸다. 기는 중국 전통 의학과 수많은 아시아 무술 및 명상 기법의 토대를 이루기도 한다.

에키켄은 이렇게 쓴다. "모든 사람의 마음속에는 하늘과 땅으로부터 받은 커다란 조화의 생명력이 작용한다. 그것이 인간 삶의 토대를 이루고, 모든 것이 그 토대에 복종한다. 나무와 풀이 끊임없이 성장하듯 우리 마음에는 자연의 신비에 힘입어 살게 하고, 평화롭고 조화로운 존재에 기뻐하는 힘이 끊임없이 작용한다. 이런 힘을 삶의 기쁨이라고 부른다. 이는 인간의 마음이 살아 있게 하는 토대이기에, 인간성의 토대이기도 하다. 하지만 이기심이 우리를 지배할 때 이런 삶의 기쁨은 사라진다."[1]

에키켄은 삶의 기쁨이 자연에서 연유하고 자연과 밀접하게 연결되어 있다고 말하고 있다. 삶의 기쁨은 "평화롭고 조화로운 존재"의 표지이고, 마음의 고요와 내적 균형, 자연과의 조화를 표현한다. 이런 마음 상태와 반대로, 걱정이나 두려움으로 인해 평온을 잃고 정신없이 내몰리는 상태에 대해 에키켄은 이렇게 말한다. "짧은 인생인데, 무엇 때문에 그렇게 짜증 내고 두려워하고 걱정하며 살아야 하는가? 평온을 유지하고, 절대로 서두르지 말라. 아무리 바쁘더라도 마음의 평정을 잃지 말라. 마음이 분주할 때 꼭 실수를 하게 되기 때문이다. 당황하지 말고, 거친 말을 하지 말라. 설령 누군가에게 모욕을 당할 때조차 그렇게 하지 말라. 내면의 균형을 잃는 것은 기쁨을 잃는다는 의미다."[2]

내면의 균형을 이루면 근심 걱정에 휘둘리지 않고 침착함을 유지할 수 있다. 나아가, 계속하여 삶의 기쁨과 활력이 솟아난다. 이는 우리가 외적 삶과 내면의 삶을 구별하고, 이를 내면화한 경우라고 할 수 있다. 세네카와 마르쿠스 아우렐리우스는 이와 같은 이상적 인격의 상태를 "내면의 성"이라는 말로 표현했다. 내면의 성은 안정된 정서 생활에 기반한 가치와 태도로부터 굳건하게 구축된다. 낙방, 실연, 승진 누락 등과 같이 외부에서 벌어진 쓰라린 실패의 경험이나 나를 겨냥한 다른 사람의 적개심 혹은 시기심은 이 성안까지 파고들지 못한다. 그리하여 우리의 가장 깊은 내면은 손상되지 않는다. 모든 외부의 공격은 굳건한 방어벽과도 같은 우리의 성숙한 인격에 부딪혀 튕겨 나간다. 기껏해야 잠시 벽이 흔들릴 뿐, 무너지지 않는다. 고대부터 사람들은 "지혜로운 자가 지닌 의연함"에 대해 이야기했다. 스토아철학에서는 의연함을 인격 발달의 주된 목표 중 하나로 보았다. 또한 고대 이집트의 파피루스 문서에는 이렇게 쓰여 있기도 했다. "그대에게 가르침을 주고, 삶의 방식을 가르쳐주겠다. 그대에게 고통으로부터 자유로운 길을 가르쳐주겠다."[3] 오늘날에는 다시금 빠르게 자신의 중심을 회복하는 능력과 의연함을 '회복탄력성'이라고 부른다.

두 세계, 즉 내면의 성과 외부의 세속적 활동 영역에 대한 견해를 고대 동서양의 지혜를 담은 문헌에서 좀 더 살펴보자. 《장자》에는 이렇게 나와 있다. "탄생과 소멸, 삶과 죽음, 성공과 실패, 가난과 부유함, 격이 높음과 격이 낮음, 상과 벌, 배고픔과 목마름, 더위와 추위는 운명의 흐름에 따라 서로 번갈아 나타난다. 그러므로 이런 것들이 내면의 조화를 무너뜨리게 내버려두는 것은 참으로 무가치한 일이다. 이런 것들이 영혼의 집을 침범하지 못하게 해야 한다. 내면의 조화를 망가뜨리지 않고, 늘 기쁨으로 봄날 같은 온화함을 보여줄 수 있는 사람은 온전한 품성을 가진 자다."[4]

우리가 타고난 본성을 따라 온전한 자기 자신으로 살아갈 때, 즉 자신의 생각, 의도, 말, 행동이 서로 일치되고 참되며 어긋나지 않을 때, 우리 각자의 "영혼의 집" 안에서 "단일하게 하나가 된 마음"을 이룰 수 있다. 우리가 이런 상태를 유지할 수 있으면 삶의 기쁨과 활력을 잃지 않을 것이다. 이를 위해서는 모든 외부의 사건이나 자신을 둘러싼 모든 관계를 자기 인격의 중심과 엄격하게 구분할 필요가 있다. 말하자면, 내부와 외부를 가르는 벽을 만들어야 한다는 뜻이다. 그리하여 외부 상황이 어떻게 전개되든 간에 항상 초연해야 하며, 자기 자신과 합일을 이뤄 살아가도록 힘써야 한다. 이렇게 "단일하게 하나가 된 마음"은 우리 삶의 중요하고 영구적이며 확고한 토대가 된다. 이런 공고한 토대는, 우리의 외부 환경이 다른 것들에 좌우되기도 하며 우발적으로 전개되는 것과는 달리, 외부의 침해에 그 어떤 타격도 입지 않는다.

인격 성장은 저항력 있고 견고한 내부의 성을 구축하고 돌보는 일과 같다. 규칙적으로 흐트러진 마음을 가지런히 하고, 자기 마음을 반성하며, 자신의 가치와 태도를 점검해야 한다. 또한 자신의 생활 방식을 계속하여 조율하고, 변화된 상황에 능동적으로 적응하는 한편, 자기 중심과 정체성을 잃지 않도록 해야 한다.

삶은 끊임없이 변하고, "모든 것은 흐른다." 자연 속을 정기적으로 걸어 다니는 일은 산만한 마음을 한데 모으고, 조화를 이루도록 도와준다. 이를 통해 우리는 내면의 안식과 함께 일상을 살아낼 힘을 얻을 수 있다.

우리의 내면과 외부의 세계는 긴밀히 얽혀 있기에, 이 둘을 지속적으로 구분해내기란 아주 어려운 일이다. 외부의 사건은 내면 상태에 영향을 미치고, 반대로 내면의 상태는 외부 사건이나 활동에 영향을 미친다. 예를 들어, 온종일 바깥일에 치이고, 처리해야 할 것들로 분주한 상태에서는 머릿속에 온통 일 생각밖에 나지 않아서 장기적으로 자신에게 더 중요한 것, 내적으로 더 가치 있는 것을 들여다볼 겨를이 없다. 이렇게 스스로의 마음을 챙기지 못하고 외부적인 일에만 달라붙어 있을수록, 우리는 우리 스스로 그다지 큰 영향을 미치지 못하는 우연과 외부 상황에 좌지우지되기가 쉽다. 새로 착수한 프로젝트의 성패, 상사로부터의 신임, 인사 고과에서 뛰어난 평가를 받는 일 등은 사실 많은 면에서 우리가 예상할 수 없는 상황의 전개 혹은 다른 사람의 반응이나 결정에 따라 그 결과가 달라지기도 한다. 이처럼 우리가 어찌하지 못하는 일들로 인해 우리의 내면 상태가 결정되는 경우가 비일비재하다. 외부 상황에 종속된 것이나 다름없는 우리는 내면의 자유를 잃어버리고 만다.

고대의 현자들은 우리가 외부 환경이나 영향에 종속되지 않아야 함을 경고하며, 시시때때로 세상일에서 물러나 고요와 안식을 누릴 수 있는 내면의 장소를 만들 것을 권했다. 진정한 자신을 만날 수 있고, 기쁨을 길어낼 수 있는 곳 말이다. 세네카는 이렇게 말한다. "지혜로운 사람은 자연을 따른다. (…) 명랑함 속에 온전히 안식하는 가운데, 지혜로운 사람은 더 많은 부를 쌓기 위해 바삐 움직이는 부자들의 모습을 보며, 그들의 분주함과 성급함에 미소 짓는다. (…) 지혜를 쌓아서 재물이 필요 없는 사람은 지혜의 보물을 받은 것과 다름없다."[5] 《우파니샤드》에는 이렇게 나와 있다. "쉼을 누림으로써 내면이 고요해져서 사람은 행복하게 걷는다. (…) 현자들의 안식은 쉽게 방해할 수 없다. 그들의 안식 속에 우주가 쉰다."[6] 열자의 다음과 같은 문장은 자기 안에서 안식을 발견한 사람에게 해당될 것이다. "자기 자신 안에 안식하는 자는 스스로 마음을 진정시키고, 작용하게 하고, 평탄하게 하며, 달래고, 이끌고, 기다린다."[7]

쾌락과 기쁨의 철학자 에피쿠로스는 행복한 삶을 이루는 두 가지 기준을 제시했다. 그것은 바로 고통의 부재와 마음의 평안이다. "이러한 것들을 명확하게 고려하면 모든 행위와 무위가 몸의 건강과 마음의 평안으로 이어진다. 이것이 바로 행복한 삶이라고 할 수 있다."[8]

마음의 평안은 자족하고 겸허한 마음에 바탕한다. 이는 우리가 자연 속을 걷는 중에도 자연스럽게 배울 수 있는 마음가짐이기도 하다. 이를 통해 우리는 내적·외적 활력은 물론 절도와 중용을 찾을 수 있다. 절도와 중용을 깨닫는 것은 삶에 방향성을 만들고, 든든한 지지대를 세우는 것과 다르지 않다. 절도와 중용은 우리가 자신의 본성에 뿌리박고, 내적 저항을 극복하고, 개성과 소질을 펼칠 수 있는 힘을 준다. 분수에 넘치는 일을 도모하지 않고, 적절한 능력을 발휘하여 한계를 존중할 수 있게 해준다. 《예기》에는 이렇게 나와 있다. "어디에서 멈춰야 할지를 알아야 목적이 명확해진다. 목적이 명확해야 평온해지고, 평온해야 고요와 안식에 이른다. 고요해야 명료하게 생각할 수 있고, 명료하게 생각해야 목적을 이룰 수 있다."[9] 평온한 마음, 명료한 정신, 목적의식 등은 걷기의 결과이기도

하면서 우리가 걷기를 통해 궁극적으로 다다라야 하는 내면의 봉우리일 수 있다. 에베레스트산을 최초로 등반한 에드먼드 힐러리는 등정에 성공한 후 이렇게 말하기도 했다. "우리의 정복 대상은 산이 아니라, 우리 자신이다." 일본에서 가장 오래된 가집인 《만요슈》에는 다음과 같은 시가 나온다.

생명의 바다, 죽음의 바다
둘 다에서
지친 나머지
내 마음은 산을 찾네.
모든 물결이 잠잠해지는 그곳을.[10]

아직까지 삶의 풍파에 많이 지치지는 않았어도 산과 바다의 아름다운 풍경을 누리며 걷는 일은 참 즐겁다. 자연을 찾아 걷는 동안, 내면에는 기쁨으로 충만한 안식이 깃든다. 내면의 안식은 새로운 힘, 삶의 환희를 끊임없이 길어낼 수 있는 고요한 바다와 같다. 그로부터 우리는 본질적인 갈망을 충족한다.

산책 노트

자연 속을 걷다 보면 찾아드는 내면의 평안과 균형은 살아 있음을 느끼게 하고 커다란 기쁨을 일깨운다. 이런 기쁨은 우리의 마음이 조율되고 있음을 보여주는 지표다. 내면의 균형을 이루면 근심 걱정에 휘둘리지 않고 침착함을 유지할 수 있으며 계속해서 삶의 기쁨과 활력이 솟아난다. 이런 상태를 "내면의 성"이 구축되었다고 일컫는데, 내면의 성이란 조화롭게 하나로 모아진 내적 합일의 상태이며, 마치 보호벽을 세운 듯 외부의 영향에도 끄떡없는 상태다. 이는 내면의 폐쇄성을 의미하는 말이 아니라, 격동하는 삶의 바다에서 오롯하게 설 수 있는 안식처를 뜻한다. 내면의 성이 자기 안에 굳건히 서 있음을 이해할수록 업무·학업·사업의 성패, 사회적 지위나 평판, 부의 획득, 인간관계 등 외부의 일에 의연하게 맞설 수 있다.

10

도보 여행이 주는 행복의 길

내 마음이 나와 하나가 될 때,
내 영혼은 행복을 얻으리.

—고대 이집트의 격언

이 장에서는 기쁨이라는 주제를 확장해 행복에 대해 좀 더 자세히 이야기하고 싶다. 내가 말하고자 하는 행복이란 도모하는 일이나 사업이 성공하고, 바라는 일들이 성취되고, 나쁜 일이 전혀 일어나지 않는 식의, 어느 정도 외부에서 주어지는 행복이 아니다. 흔히 "나는 운이 좋았어"라고 말할 때의 그런 행운도 아니다.

여기서 말하려는 행복은 "나는 행복해", "행복하다고 느껴"라고 말할 때 드는 마음 상태다. 그러니까, 외적인 것의 소유 여부에 좌우되는 것이 아니며 일시적인 상태도 아니다. 그보다는, 오래 지속되는 기본 정서, 감정, 존재 상태다. 이런 행복은 특정 사건에 좌우되지 않고, 현재의 삶 전체를 포괄한다. 단순히 어느 한 측면에서 기분이 좋아지는 것이 아니라, 현재 삶이 모든 측면에서 내적 일관성을 이루는 것을 의미한다. 마음이 흐트러지지 않고 "나와 하나가" 되는 것이다.

자연 속을 걸어 다니는 시간이 우리에게 깊은 기쁨을 선사할 뿐 아니라, 지속적으로 "행복을 느낄 수 있는" 마음 상태를 만들어준다는 사실은 가이바라 에키켄의 다음 문장에서도 드러난다. 에키켄은 이렇게 말한다. "우리가 낯선 나라로 여행을 가서 그곳의 특이한 강산을 두루 돌며 산과 들을 걸어 다니고, 광활한 바다를 보며 경이로워할 때. 현지인들에게서 유서 깊은 관습을 배우고, 지역 특산물을 맛볼 때. 우리는 무한한 기쁨을 느낀다. 그 멋진 시간 동안 접한 경험은 우리에게서 떠나지 않고, 늘 우리 곁에 머무른다. 여행의 기억은 시간이 지나도 사라지지 않고, 우리가 늙어서도 기쁨을 준다."[1]

이 문장은 하이킹이나 장시간의 트레킹과 같은 도보 여행과 그 외 일반적인 여행 모두에 해당되는 내용이다. 둘 다 외적으로도 내적으로도 "길 위에 있음"의 형식이다. 길 위에 있음은 바로 철학과 도보 여행을 긴밀히 이어준다.

이는 그리스 철학자 에피쿠로스의 견해에 가깝다. 그는 우리가 삶에서 마주한 아름다운 사건을 정기적으로 상기해야 한다고 말했다. 그렇게 함으로써 삶에 전반적으로 만족하고 행복을 발견할 수 있다고 말이다. 물론 모든 삶이 순조롭게만 진행되지는 않는다. 그러나 뒤돌아봤을 때 한 번쯤 미소 지을 만한 아름다운 시간이 전혀 없는 삶 또한 없을 것이다. 긍정적인 기억을 집중해 떠올리면 긍정적인 기분이 되고, 부정적인 기억을 곱씹어 생각하면 부정적인 기분이 들므로 기억 속 아름다운 시간을 돌이키려는 태도는 삶에서 매우 중요하다. 《우파니샤드》 속 말처럼, "우리 마음을 지배하는 생각"이 곧 우리 자신이다.[2] 스토아 철학자 가이우스 무소니우스 루푸스는 이렇게 말한다. "상상을 활용하는 것에 (…) 삶의 아름다운 흐름, 마음의 평화, 마음의 건강이 달려 있다."[3]

도보 여행이 우리에게 선사하는 행복은 단순한 기억이나 여행지에서 가져온 기념품 그 이상이다. 앞서 에키겐의 말에서 보듯, 여행에서 얻은 아름다운 경험은 우리에게 "무한한 기쁨"을 주고, 오래도록 우리 곁에 머문다. 이전 장에서도 여러 차례 살펴봤듯, 자연을 만끽하며 걷는 동안 마음을 가지런히 하고 사색하는 과정을 통해 마음이 조화를 이루고, 진정한 자신에게 이르는 기쁨을 누릴 수 있다. 고대의 현자들은 이렇게 마음이 분산되지 않고 음이 잘 맞는 음악처럼 서로 어우러지는 소리를 내는 것과 같은 상태를 바로 행복이라고 보았다. "음 없는 음악. 그것이 바로 행복이다"라고 공자는 말했다.[4] 우리가 걸을 때 느끼는 행복감은 우리가 뒤로한 모든 일상생활의 일들과는 무관하게만 느껴진다. 행복감은 우리 안에서 솟아나며 우리의 뿌리, 즉 인간됨의 바탕과 내적 자세로부터 자양을 얻어 더욱더 강화된다. 플라톤은 이렇게 말한다. "살다 보면, 돈과 권력이 늘 우리를 행복하게 만드는 것이 아님을 알 수 있다. 경우에 따라서는 이것들이 해가 될 수도 있다는 것을, 이것들은 다만 수단으로써 가치만 지니고 있다는 것을. 따라서 중요한 것은 외적인 것이 아니라, 외적인 것에 대해 갖는 내적 태도다. 좋은 삶을 살 수 있을지, 좋은 삶의 목표인 행복에 도달할 수 있을지는 내적 태도에 달려 있다. 행복은 내면의 조화, 외부 상황에 영향 받지 않는 만족감에서 생겨나는 지속적인 좋은 느낌에 바탕을 두기 때문이다."[5] 《바가바드기타》에 나와 있듯, 영혼은 "자신 안에서 자기 자신을 통해 행복해진다."[6]

장자는 우리에게 이 주제에 대한 짧은 이야기를 전해준다. 남백자기라는 사람에게 8명의 아들이 있었다. 자기는 어느 날 관상을 보는 구방인으로부터 아들 중 하나가 행복을 누릴 관상을 타고났는데, 이는 아들이 장차 한 나라의 임금이 먹는 음식과 같은 음식을 먹으며 일생을 마칠 상이라는 이야기를 듣는다. 구방인의 말이 끝나자 자기는 눈물을 주르륵 쏟고는, 왜 우느냐는 구방인의 물음에 이렇게 대답한다. "당신은 그 까닭을 충분히 알지 못할 것입니다. 당신이 내 아들의 행복이라고 말하는 것은 기껏해야 술과 고기가 입으로 들어가는 일뿐입니다. (…) 나는 아들들과 대자연에서 노니곤 합니다. 아들들과 함께 하늘을 즐거워하고, 땅의 선물을 누리지요. 나는 그들과 함께 세속적인 일을 도모하지 않고, 계획을 꾸미지도 않으며, 화려함도 추구하지 않습니다. 나는 아들들과 더불어 하늘과 땅의 진리를 따르며, 세상일에 현혹되지 않습니다. 그들과 함께 자유를 추구할 뿐 세속에 매이지 않습니다. 그런데 이제 보상으로 우리에게 세속적 보상이 주어진다니요. (…) 그러나 그것이 나나 내 아들들의 죄는 아니고, 하늘이 정한 것일진대 어쩔 수가 있겠습니까. 그리하여 내가 눈물을 쏟은 것입니다."[7]

행복감을 스스로에게서 길어냄으로써, 외부의 사물이나 상황, 외적 성패와 관계없이 행복을 느끼는 마음 상태에 있으면 운명적인 사건과 맞닥뜨릴 때조차 내적으로는 자유롭다. 행복, 만족감, 초연함이 흔들리지 않는 삶의 기본 정서가 된다. 물론 우선적으로 내면의 질서를 확립하고, 말과 행동이 내적 질서와 합일될 때 가능하므로 쉬이 이루기는 어렵다. 스토아철학을 창시한 그리스 철학자 키티온의 제논은 이를 "하나의 마음이 되어 살아가는 것"이라 칭하고는, 인생에서 중요한 목표 중 하나로 보았다. 이것은 생각, 의도, 행동이 더 이상 분열되지 않은 삶을 의미한다. 그는 "내면이 조각조각 나뉜 채 사는 사람은 행복하지 않다"라고 말했다.[8] 우리가 자기 자신의 내면을 돌보고 생각, 의도, 행동을 정화된 내적 가치에 맞추고자 노력한다면 이 모든 것들의 합일을 이룰 수 있을 것이다. 공자는 지혜로운 사람은 자신의 마음을 살펴 잘못이 없기에 근심하지 않는다고 말했다.

지금까지 살펴보았듯, 자신을 돌보고 가꿔나가려면 내적 성찰의 시간을 가져야 한다는 사실을 잘 알았으리라. 우리는 걷기를 통해 사색하고 성찰하는 여유를 찾을 수 있다. 자연의 아름다움과 조화를 감각적으로 경험하면 삶의 기준과 방향이 분명해지고, 우리의 내면도 조화로워진다.

이는 스토아철학의 기본적인 믿음이었으며, 스토아철학이 태동하기 이전 플라톤의 사상으로까지 거슬러 올라간다. 플라톤은 모든 사람은 "자기다움"을 온전히 획득하고 실현하고자 노력한다며, 이렇듯 자기를 유지하고 자신을 펼치려는 충동은 자기 자신에 대한 의무라고 했다. 자연계가 스스로를 조절하는 것과 비슷하게 우리는 서로 다른 상이한 욕구를 "한데 모아야 한다." 즉 서로 조화와 일치를 이루게끔 하여, 서로 거스르지 않고, 지속적으로 마음이 분열되어 있지 않도록 해야 한다. 스토아 철학자들은 자기 자신과 합일되어 살아가는 삶을 일종의 "자기 획득"으로 이해했다. 그렇게 하여 우리는 자신의 집에서 주인이 되고, 자신의 삶을 스스로 만들어간다.[9]

벌어진 일을 바꿀 수는 없지만, 그에 대한 우리의 태도는 바꿀 수 있다

내면에서 불화와 갈등이 일면 얼마나 괴롭고 불편한지, 반대로 내면이 평온하고 조화로울 때 얼마나 마음이 편안하고 만족스러운지 누구나 경험해본 적 있을 것이다. 간만에 보고 싶은 영화를 보러 가기로 한 날, 막 영화관에 도착했는데 상영 20분 전에 갑작스럽게 영화가 취소된 상황을 가정해보자. 계획이 틀어져 화가 나고, 난감할 수 있다. 하지만 '뭐, 그럴 수도 있지' 하고 실망감을 털어버리고는 가까운 서점에 가서 예상치 못하게 유익한 시간을 보낼 수도 있다. 중요한 것은 이런 내면의 조화가 우연히 이뤄지는 것이 아니라, 자신을 가꿔나가는 노력의 결과라는 점이다. 즉 자기 마음의 집을 정돈한 결과라는 것이다. 세네카는 "스스로를 행복하게 만들라"고 우리에게 외친다.[10] 행복은 우리 자신에게 달려 있으므로 설령 불만족스러운 기분이 든다고 해서 외부 상황이나 형편을 탓하거나, 다른 사람의 태도를 비난하지 말아야 할 것이다.

우리는 모두가 자기 행복의 대장장이다. 이러한 사실은 철학적 사고가 나타난 이래로 시대와 문화를 초월하여 누누이 환기되어온 진리다. 호메로스는 신들의 아버지인 제우스로 하여금 이렇게 외치게 했다. "유한한 자들이 신들에 대항하여 어떤 탄식을 발하는가! 오직 우리에게서 모든 불행이 온다고 그들은 부르짖는다. 그리고 그럼에도 이 바보들은 스스로 운명에 맞서 낙담하고 비참해한다."[11]

헤라클레이토스는 이런 기본 인식을 간결한 말로 요약했다. "성격이 곧 운명이다."[12] 인간이 운명의 강력한 파도에 어찌할 줄 모르는 존재라고 여기는 사람이라면 이 말이 놀랍게 느껴질지도 모른다. 그러나 우리의 행복과 안식에 본질적으로 영향을 주는 것은 외부의 사건 자체가 아니라, 외부에서 일어난 사건에 대처하는 우리의 자세와 관련이 있다. 우리의 밖에서 일어난 사건 자체를 우리가 변화시킬 수는 없다. 그러나 그에 대해 어떤 태도를 취할 것인지는 우리가 할 나름이다! 취할 수 있는 행동의 선택지가 아무리 제한적이고 사소해 보일지라도 가능한 한 범위 안에서 최선을 다해 좋은 선택을 이끌어낼 수 있다. 심지어 선택하지 않는 것, 즉 순순히 받아들이는 것 또한 우리의 선택이다. 중요한 것은, 우리가 외부 사건을 어떻게 평가하고, 어떤 관점으로 이해할 것이며, 어떤 의미를 깨달을지가 가장 먼저 숙고되어야 한다는 점이다.

오스트리아 출신의 유대계 신경학자이자 신경정신과 의사 빅터 프랭클은 가혹한 운명에 맞서면서 자기 안의 힘을 몸소 보여준 인물이다. 프랭클은 제2차 세계 대전이 발발하자 아내를 비롯한 가족과 친척들을 나치 강제 수용소에서 잃었고, 그 자신도 수용소에서 비참하게 목숨을 이어갔다.

참혹한 상황에서도 그는, 외부 사건에 대해 스스로의 관점을 확립하는 일의 중요성을 확실히 깨달았으며, 삶에서 의미 찾기를 중단하지 않았다. 프랭클은 외적 상황이 최악으로 치달을지라도 우리에게는 틀림없이 선택지가 있으며, 계속해서 견디고 나아가도록 힘을 주는 삶의 의미를 발견할 수 있다는 사실을 간곡하게 상기시켰다. "인간의 태도는 그가 처한 조건에 의해 결정되는 것이 아니라, 스스로의 선택에 의해 결정됩니다."[13] 어느 라디오 강연에서 그는 이렇게 말하기도 했다. "전쟁 포로나 수용소의 수감자는 모든 것을 빼앗긴 사람들일지도 모릅니다. 그러나 그들에게서 모든 것을 앗아가도 한 가지만은 빼앗아갈 수 없었습니다. 그들에게 한 가지 자유

만은 남아 있었습니다. 주어진 상황에 맞서 이렇게 할 것인지 저렇게 할 것인지 선택할 수 있는 자유 말입니다."[14]

고대의 다양한 문화권에서 '한 인간의 성격이 곧 그의 운명'이라는 헤라클레이토스의 기본적인 인식을 발견할 수 있다. 기원전 2350년경, 이집트의 고관 프타호테프가 저술했다고 알려진《프타호테프의 잠언》에는 이렇게 나와 있다. "한 인간의 생명, 행복, 건강을 결정하는 것은 가슴이다." 이집트인들에게 가슴은 감정과 이성이 동시에 머무르는 자리였다. 2000년 뒤 같은 문화권의 다른 문헌에는 "선한 사람의 좋은 운명은 오직 그 자신의 마음이 그에게 주는 것"[15]이라고 나와 있다. 그리고 뒤이어 이렇게 덧붙여 있다. "불행과 행복은 성격에 달려 있다. (…) 저주와 축복은 신이 그에게 가르쳐준 삶의 방식에 달려 있다."[16] 그리하여 결국 "자신의 가슴을 깨닫는 자는 누구나 행복에 가까워진다."[17]

스스로를 아는 사람은 자신에게 무엇이 좋고, 무엇이 해로운지도 안다. 이것이 넓은 의미에서의 우리의 "삶의 방식"이다. 즉 우리의 생각, 의도, 행동, 태도는 습관과 성격에 상당한 영향을 미치고, 우리가 마주한 세상을 경험하는 방식도 결정적으로 좌우한다. 우리의 습관이나 행동 패턴은 고정되어 있지도, 불변하지도 않는다. 우리가 스스로의 인격을 어떻게 발달시켜나가는지, 무엇을 어떻게 생각하고 어떤 결심을 하는지, 얼마나 끈기 있게 결심을 지켜나가는지, 어떤 습관은 유지하고 어떤 습관은 고쳐나가려는지에 따라 달라질 수 있다.

일본 헤이안 시대의 승려이자 시인인 구카이도 이런 말을 남긴 바 있다. "인간 안에 내재된 진정한 보물은 스스로 일깨워야 한다." 비슷한 맥락에서 그전에 이런 말도 남겼다. "진정한 보물을 얻느냐 얻지 못하느냐 혹은 그것을 누리느냐 누리지 못하느냐의 문제는 부모가 결정할 수 있는 것이 아니다."[18] 이 말을 풀어보자면, 우리가 행복할지 아닐지는 요람에서부터 타고나거나 양육을 통해 정해지는 것이 아니라, 우리 스스로의 행동과 습관이 행복을 결정하며, 그 책임은 자신에게 있다는 뜻이다. 키케로는 말한다. "사람이 어떠하면 그의 언어도 그러하다. 행동은 언어를 닮고 삶은 행동을 닮는다. 선한 사람의 마음 상태가 칭찬할 만하면, 그의 삶도 마찬가지로 덕스럽다. 덕 있는 사람의 삶이 행복한 것은 그런 이유다."[19] 세네카가 "불행은 전적으로 자기 책임이라는 것은 우리 인간에게 위로가 된다"라고 말한 것도 키케로가 한 말과 같은 맥락이다.[20] 《우파니샤드》의 다음과 같은 구절도 비슷한 의미를 담고 있다. "깊숙이 솟아나는 갈망이 바로 그대다. 의지가 어떠하면 행동도 그러하고, 행동이 어떠하면 운명도 그러하다."[21] 이 모든 지혜로운 말들이 담고 있는 공통된 의미는 우리 스스로가 생각, 의도, 행동 습관을 통해 운명을 결정할 수 있다는 사실이다. 한발 더 나아가, 우리가 처한 모든 상황에서 최선을 다할 것을 넌지시 가르쳐준다.

우리의 내면은 정원과 같다. 우리가 땅을 갈고, 좋은 씨를 뿌리고, 잡초를 뽑아주고, 거름을 주고, 물을 주고, 서리와 홍수, 병충해로부터 보호해주고, 끈기 있게 관심을 기울이면 언젠가 아름다운 꽃과 열매를 누릴 수 있다. 정원의 상태는 우리의 일반적인 마음 상태를 상징한다. 우리가 사려 깊은 정원사라면 내면의 정원은 아름답고 정갈한 모습으로 자리하게 될 것이다. 아름답고 정갈한 정원이란 명랑한 평정심이 깃든 마음이다. 또한 정원에서 자라나는 탐스러운 꽃과 열매는 빛나는 행복의 순간들이다. 우리가 정원을 섬세하고 정성스럽게 돌볼수록 이런 순간들을 한층 더 빈번하게 느낄수 있을 것이다. "사색이 영혼의 산책"[22]이듯이, 도보 여행은 마음 정원을 가꾸는 좋은 방법이다.

탐스럽게 열린 꽃과 열매의 이미지로 상징되는 행복의 순간들은 우리가 이런 순간을 어디선가 강탈하거나, 직접적으로 얻을 수 없음을 가르쳐준다. 우리는 다만 행복의 순간들과 가능하면 자주, 지속적으로 마주하기 위해 노력해야 할 것이다. 칸트가 주장했듯이 자신을 바람직하게 가꿔감으로써 우리는 행복에 '합당한' 사람이 될 수 있을 뿐이다. 행복한 순간들은 결국 자신의 행복을 돌본 사람에게 주어지는 선물이자 은총이다. 부처는 세상을 떠나기 직전 제자들에게 "그대들은 부단히 노력해야 한다"라는 말을 남겼다.

이런 의미에서 내게 도보 여행은 몸과 마음을 하나로 돌보는 일이다. 신선한 공기를 들이마시며 고요하고 아름다운 자연 속을 규칙적으로 걸어 다니는 일은 행복한 삶을 위한 기본 전제인 것만 같다.

이렇듯 정기적으로 자연을 경험하는 시간이 없다면 자기 자신에게, 내적인 균형에, 마음의 평화와 그로부터 비롯되는 삶의 행복에 이를 수 있을지 잘 모르겠다. "푸른 산과 하늘을 향해 비쭉 솟은 봉우리들을 바라보는 것은 무한한 기쁨의 원천이다"라고 가이바라 에키켄은 말한다.[23] 그는 또 다른 곳에서는 이렇게 말한다. "길이 마르고 바람이 자면, 기분 좋게 정원을 거닐고, 식물을 향유하고, 계절의 변화에 탄복한다. 그러고서 집으로 돌아오면, 아무것도 하지 않고 빈둥거리는 즐거움을 누린다."[24]

　도보 여행을 무척이나 좋아하는 내 친구는 언젠가 이렇게 말했다. "걸을 때는 한 걸음 한 걸음 걸음에 집중하는 연습을 해야 해. 뒤에 두고 온 것을 돌아보지 마. 앞으로 닥쳐올 것도 미리 보지 마. 그러면 너는 네 중심에 이르고 행복해질 거야. 고요함 속에서 아무것도 하지 않고도 편안함을 느끼는 것, 그게 가장 좋은 거야."

산책 노트

도보 여행은 우리에게 행복을 선사한다. 도보 여행은 우리가 내적 합일과 균형을 이루는 가운데, 우리 안의 행복을 지속적으로 발견하도록 도와준다. 자연을 누리며 걷는 동안 외부 상황과 관계없이 자기 안에서 행복을 길어낼 수 있음을 경험하는데, 이는 스스로의 내면을 돌보고 가꿔나가는 일을 전제로 한다. 외부에서 일어난 사건 자체를 변화시킬 수는 없지만, 그에 대해 어떻게 대처할 것인지는 전적으로 자신에게 달려 있기 때문에 최악의 상황일지라도 가능한 범위 안에서 좋은 선택을 할 수 있다. 우리는 스스로를 내면의 정원을 가꾸는 사려 깊은 정원사라고 생각하고 탐스러운 열매와 같은 행복의 순간들을 좀 더 자주 누릴 수 있도록 부단히 노력해야 한다.

11

삶의 단순함을 깨닫는 길

조각하고 형상을 만드는 그 모든 일 후에는
다시금 단순함으로 돌아가야 한다.

—장자

걷기와 실천 철학 사이의 또 하나의 공통점이면서 행복을 추구하는 우리가 트레킹이나 하이킹과 같은 도보 여행에서 배울 수 있는 점은 바로 단순함이다. 도보 여행을 떠날 때는 단출한 차림이 중요하다. 적절한 옷, 신발, 배낭이면 족하고 경우에 따라서 등산스틱만 있으면 된다. 그 이상의 장비는 자칫 여행에 지장을 초래할 수도 있다.

　그러면 철학은 어떤가. '철학'이든 '실천 철학'이든 아마 단순함과는 멀게 느껴질 것이다. 자기 인식도, 자기를 가꿔나가려는 노력도 영 간단한 문제가 아닌 듯하다. 우리는 자신의 인격을 도야하여 좋은 삶을 이루는 일이 얼마나 어려울 수 있는지 잘 알고 있다. 몸에 밴 습관을 바꾸고, 뿌리 깊은 생각, 의지, 행동 패턴을 다시 프로그래밍해야 하기 때문이다. 이를 위해서는 변화된 생각 혹은 행동을 지속적으로 연습해야 하며, 계속해서 과거의 패턴으로 돌아가 익숙함에 기대어 살려는 고집스러운 경향에 맞서야 하는 과정도 감수해야 한다. 우리는 끊임없이 주의를 기울이면서 스스로를 돌보고, 순조롭게 성장하는 듯하면 스스로를 격려하고, 퇴보하는 듯하면 다그쳐 진정으로 성장해나가고 있는지를 살펴야 한다.

이를 위해서는 결연함과 끈기가 필요하다. 많은 사람들이 자기 도야를 이루면, 우리는 그야말로 최상의 세상에서 살게 될 것이다. 사실 더불어 살아가는 지혜는 수천 년 전부터 알려져 있었다. 유감스럽게도 요즘의 우리로서는 그렇지 않은 것처럼 느껴지겠지만 말이다. 공자는 이렇게 말했다. "소박한 음식, 목을 축일 물 한 모금, 여기에 팔을 구부려 팔베개로 삼을 수만 있다면 행복할 수 있으리라."[1] 앞서 언급한 바 있지만, 에피쿠로스 또한 공자의 말에 화답하듯 우리가 굶주리지 않고 목마르지 않고, 추위에 얼어붙지만 않으면 행복할 수 있다고 했다.[2] 물론 에피쿠로스는 자기보다 200여 년 앞서 살았던 공자를 전혀 알지 못했다. 하지만 시공을 초월해 두 현자 모두 행복한 삶을 위해서 많은 것이 필요하지 않다고 말한다. 이런 측면에서 보면 행복하고 만족스러운 삶을 사는 게 그리 어렵지 않을 수 있다.

기실 좋은 삶을 살아간다는 것은 어떤 면에서는 어렵고, 어떤 면에서는 쉽고 단순하다. 앞선 인용들처럼 우리가 행복해지기 위해서 많은 것은 필요 없다. 하지만 일단 적은 것만으로 자족하는 데까지 이르기 위해서는 상당한 노력이 필요하다. 마찬가지로 도보 여행을 떠날 때도 많은 것이 필요하지 않다. 하지만 걷는 활동이 우리에게 얼마나 큰 기쁨을 주는가. 게다가 돈도 별로 들지 않지 않는가. 이러한 점을 생각하면 도보 여행만큼 즐거운 활동은 없는 듯하다. 물론 높은 산의 정상에 도달하는 건 굉장히 힘들 수 있다. 고대 그리스의 시인 헤시오도스는 성공적인 "단순한 삶"이라는, 얼핏 모순되어 보이는 문제를 등산에 빗대 묘사해보려고 했다. 헤시오도스의 시구를 그대로 인용하면 다음과 같다.

공을 세우기 위해
불멸의 신들도 땀을 쏟네.
가도 가도 걷는 길은 길고 가파르게 솟아 있으니
처음에는 참으로 고단했네.
하지만 높은 곳에 이르면
길은 수월하게 이어진다네.
처음에는 그리도 힘들었어도.[3]

스스로를 바꾸고 몸소 겪어낼 때, 사고는 진전된다

2500년 뒤에 쇼펜하우어는 철학적 사고의 어려움을 헤시오도스와 비슷한 이미지로 설명했지만, 좀 더 어두운 색조를 가미했다. 그럼에도 불구하고, 높은 곳에 도달한 데 대한 만족감은 그의 말에서 고스란히 드러난다. "철학은 날카로운 돌과 가시덤불 위로 가파른 길만이 이어지는 높디높은 고산 지대의 길과 같다. 그 길은 적막하며,

높이 올라갈수록 점점 더 황량해진다. 그러나 그 길을 가는 자는 겁먹지 말고, 모든 것을 뒤로하고 차가운 눈 속에서 당당하게 자신의 길을 걸어가야 한다. 종종 갑작스럽게 그는, 푸른 계곡이 내려다보이는 벼랑 가장자리에 당도하기도 한다. 심한 현기증이 그를 끌어내리지만, 온 힘을 다해 발바닥을 바위에 붙이고 버텨야 한다. 그러다 보면 마치 보상처럼 저 아래 세상을 내려다보게 될 것이다. 모래사막과 수렁은 사라지고, 울퉁불퉁한 것이 평평해지고, 어떤 불화도 올라오지 않으며, 세상은 둥글둥글해 보인다. 그는 늘 맑고 시원한 고산 지대의 공기 속에 서서, 아래는 여전히 깜깜한 밤인데도 태양을 볼 수 있다."[4]

앞의 두 인용문은 철학적 지혜를 따라 좋은 삶으로 나아가는 길에 대한 것이다. 물론 장기적으로 유익한 행동 방식이나 사고방식을 키워나가는 일은 어렵다. 특히 처음에는 더욱 그러하다. 우리는 세네카가 말했듯이 스스로 변화하고, 인격을 계발하고, 변화를 몸소 겪어내야 한다.[5] 하지만 계속해서 진전을 이뤄나가다 보면, 점점 더 쉬워지고 간단해진다. 철학적 지혜가 습관으로 자리 잡을 때까지는 운동 습관을 들이는 것과 마찬가지로 처음에는 많은 시간과 노력이 들 것이다. 그러나 일단 습관을 들이고 나면 그다음부터는 수월해지고, 삶의 자연스러운 요소로 자리 잡는다.

지혜로운 생각과 의지, 점차 행동으로 실현될 만한 건강하고 유익한 태도가 제2의 본성이 되는 수준으로 삶의 기술을 연마하려면 의연함, 인내심, 일관된 실천이 필요하다. 하지만 일단 우리의 생각과 행동에 가치와 신념이 굳게 자리 잡으면, 별 고민 없이 직관적으로 내면의 목소리를 따라 옳은 행동을 할 수 있다. 도보 여행을 할 때도 처음에는 스스로를 극복해야 한다. 바로 출발할지 말지 혹은 더 나아갈지 말지를 고민한 끝에 행동한다. 그러나 일단 걷기가 습관이 되면, 조금도 지체하지 않고 어서 등산화를 신고 나가고 싶어 안달이 날 것이다.

그렇다면 인격 성장의 기본이 되는 습관 변화의 과정은 왜 그리도 힘들까? 공자는 이렇게 말한다. "사람들은 모두 '나는 알고 있다'라고 말한다. 그러나 중용을 선택하고는 채 한 달도 그 상태를 지키지 못한다."[6] 다른 곳에서 공자는 왜 그런지를 설명한다. "무언가의 의미를 아직 파악하지 못하고 실천으로 습관을 들이지 못하면, 종종 그에 위배되는 행동을 한다."[7] 지혜를 내면화하려면 지혜에 대한 깊고 진실한 이해와 지속적인 실천이 필요하다. 연습을 통해 지혜의 의미를 우리의 사고에 확고히 정착시키고, 내면의 태도와 습관으로 만들 수 있다.

현대의 생의학과 뇌 연구는 이런 내적 융합의 과정이 왜 그리 어려운지를 과학적 연구를 바탕으로 설명하고 증명한다. 생각, 의지, 행동 패턴은 우리 몸의 특정한 뇌 영역에 자리 잡고 시냅스 연결을 통해 저장된다. 그 결과, 우리는 특정한 자극과 특정한 상황에서 늘 같은 방식으로 반응하는데, 일상생활에서는 이성적인 사고보다 이런 자동 반응에 의해 통제될 때가 훨씬 더 많다. 자극-반응 도식처럼 작용하는 이런 패턴은 해당 뇌 영역에서 새로운 세포가 발달하거나, 새로운 신경 연결이 생겨나면 변화될 수 있다. 이처럼 뇌와 신경 세포는 고정되어 있지 않고, 변화하고 적응할 수 있는 살아 있는 유기체다. 설령 느리고 눈에 띄지 않을정도로 미미할지라도 끊임없이 변화하고 있다. 그러므로 우리는 생각, 의지, 행동을 통해 기존의 패턴을 해체하고 새로운 패턴을 만들어낼 수 있다. 이때, 계속적인 연습이야말로 정신과 신체를, 사고와 신체 세포, 감정, 본능을 이어주는 전동벨트가 된다.

새로운 구조를 형성하려면 시간과 인내심이 필요하기 때문에 일관성 있고 끈기 있게 새로운 패턴을 훈련해나가야 한다. 의식적이든 무의식적이든, 크든 작든, 외부에서 촉발되든 스스로에게서 연유하든, 우리 모두는 이미 어린 시절부터 사춘기를 거쳐 성인이 될 때까지 수많은 적응과 변화의 과정을 겪어왔다. 우리의 영적·정신적 발달은 이런 변화와 재배치의 과정을 통해 이루어진다. 그리하여 학습은 재학습을 의미한다.[8]

모든 종류의 학습과 새롭고 깊은 경험은 우리 성격의 전반적인 구조에 흔적을 남긴다. 의식적으로 이런 발달을 조절하면서 사고와 의지, 행동 습관을 우리 삶의 가치와 목표에 맞춰나갈 수 있다면, 기존의 성격을 바꾸고 새로운 태도를 받아들여 삶을 변화시킬 수 있다. 삶의 과정을 자세히 살펴보면, 우리는 대부분 걸러지지 않은 욕구와 소망에 이끌려 무의식적으로 변화해왔다. 그러나 철학적 성찰을 통해 새로운 깨달음, 가치, 신념을 얻고, 이런 통찰력을 의연하고 끈기 있게 실행함으로써 내면의 변화를 더 의식적으로 일궈갈 수 있다. 이렇듯 가치에 대한 지식을 추구할 뿐만 아니라 새롭게 깨달은 가치를 일상에서 구현하며 사는 것이 바로 실천 철학의 목표라 할 수 있다.

고대에는 동서양을 막론하고 자신의 삶을 주체적으로 형상화해 나가는 것을 가장 중요하게 여겼다. 7명의 현자 중 한 사람은 "모든 것은 연습이다"라고 말했다. 아리스토텔레스는 우리에게는 두 가지 본성이 있는데, 하나는 태어나면서 아주 어릴 적부터 우리에게 주어진 것이고, 다른 하나는 우리가 "이성적으로, 빈번하게 자극받으면서" 스스로 만드는 것이라고 말했다.[9] 이런 모방 또는 "빈번한 자극"은 바로 연습을 의미한다. 바람직한 사고, 의지, 가치 및 행동을 지속적으로 실천해나가는 것이다. 부단히 연습하다 보면 시간이 흐르면서 새로운 사고와 행동 패턴이 내면화된다. 즉 새로운 시냅스가 연결되고, 새로운 뇌세포가 생겨나 변화된 패턴을 저장한다. 그러면 새로운 패턴이 기존의 패턴을 덮어씌우거나 대치하는 것이다.

세네카는 이런 내면화 과정을 '변형', '변모', '변용'이라는 의미를 지닌 라틴어 트란스피구라리transfigurari로 표현한다. 현명하게 살아가고 유익한 태도를 갖기 위해서는 무언가를 인식하고 깨닫는 것만으로는 충분하지 않다. 세네카는 "배움의 과정을 거쳐서 해야 할 일과 피해야 할 일을 올바르게 파악한 사람일지라도 아직은 지혜롭지 않다"라며, "그가 내적인 변화를 겪고, 이를 통해 학습한 것이 그의 영혼에 녹아들어 하나가 되기 전까지는"이라고 한다.[10]

또한 세네카는 "우리는 육체적 부모를 선택할 수 없지만, 영적인 부모는 선택할 수 있다"라고 말하기도 했다.[11] 우리가 어떤 면에서든 존경할 만한 살아 있는 인물, 역사적 인물을 모범으로 삼아 그들의 행위와 생각을 받아들임으로써 우리 스스로 영적인 목표, 가치, 견해를 선택할 수 있다는 사실을 말하고자 한 것이다. 의식적으로든 무의식적으로든 "영적 부모"를 선택함으로써 우리는 주체적으로 영적·정신적 성장을 해나간다. 스스로 소중하게 여기는 것을 자기 것으로 만들고, 받아들이고, 모방하고서 자신의 경험, 가치, 견해에 녹아들게 함으로써 우리는 "제2의 본성"을 만들 수 있다.

소크라테스는 대화 상대에게 "지속적인 모방이 습관이 되고, 또 다른 본성이 된다네. 신체와 관련해서만이 아니라 말하는 방식, 생각하는 방식과 관련해서도 그렇게 된다는 것을 자네는 깨닫지 못했는가?"라고 물었다.[12] "또 다른 본성", 즉 우리의 성격과 개성이 우리의 운명이다. 우리가 생각하고 느끼고 행동하는 방식은 곧 우리가 살고 경험하는 방식이다. 이런 방식으로 우리는 무엇을 기뻐하고, 무엇을 걱정하고, 무엇을 추구하고, 무엇을 피하고, 무엇에 충만함과 행복을 느끼고, 무엇에 괴로워할지를 결정한다. 결국 우리의 태도가 우리의 정서적 삶 전체를 결정하는 것이다.

고대의 격언은 우리가 지속적으로 실천함으로써 얻어낼 수 있는 변화를 이렇게 표현한다. "매일 아침 송아지를 들어 올리던 한 여인이 결국에는 황소 한 마리를 높이 들어 올렸다."[13] 다음과 같은 몽골의 속담도 있다. "고개를 넘을 수 없다고 말하지 말라. 오르다 보면 넘어갈 수 있으리라. 너무 멀어서 갈 수 없다고 말하지 말라. 가다 보면 도착해 있으리라."[14] "아무리 광활한 대지라도 앞으로 나아가다 보면 정복할 수 있다."[15] 결연하게, 일관되게, 끈질기게 노력한다면 지금과는 완전히 다르게 살 수 있다. 《성경》에서 이야기하듯 "산을 옮길 수" 있다. 그렇게 하려면 물론 자제력 있게 부단히 나아가야 할 것이다. 《역경》에는 "지속은 지혜로운 자의 길이다"라고 나와 있다.[16] 키니코스학파(고대 그리스 철학의 한 학파. 행복은 외부 조건에 좌우되는 것이 아니라 보았으며, 자신의 본성에 따라 자연스럽게 살아가는 것을 이상으로 삼았다─옮긴이)의 철학자 크라테스는 지혜를 가르치고 인격을 계발하는 데 있어 가장 가치 있는 선으로 "자제와 인내"를 꼽았다. 그는 자제력과 인내심을 길러야 한다고 독려하며, "(자신을) 힘들게 도야해나가는 것. 어려워도 그것을 피하지 말라"고 했다.[17]

우리가 새로운 사고방식이나 행동 방식에 점차 익숙해지고, 그것이 우리의 인격과 삶에 자리매김하면 모든 것이 쉬워진다. 우리는 직관적으로 옳은 일, 즉 우리에게 가장 좋은 일을 하게 된다. 간혹 서로 다른 가치가 첨예하게 대립하여 신중하게 따져보고 조율해야 하는 어려운 상황을 제외하면, 자신이 어떻게 행동해야 할지를 고민할 필요가 없어진다. 우리의 깨달음과 가치는 자동적인 사고와 행동 패턴이 되는 것이다. 플라톤은 모든 사고 훈련의 마지막에 이르면 철학은 불필요해진다고 말했다. 불교에서는 가르침을 우리를 강 건너편으로 데려다주는 배에 비유했다. 강 건너편에 도착하면, 즉 우리가 깨달음을 얻어 현명해지면 배는 더 이상 필요 없어진다.

이상을 좇아 살아갈수록 삶은 단순해진다

물론 완전한 깨달음이나 지혜는 인간이 도달할 수 없는 이상이다. 우리는 계속해 실수하고, 의심하고, 위기를 겪으며 방황할 것이다. 《예기》에는 "올바른 길을 수고롭지 않게 찾는 자들이 바로 거룩한 자들"이라고 나와 있다.[18] 비록 우리는 자주 실수하고 불완전하지만, 한편으로 도보 여행을 즐기는 사람들로서 길이 곧 목표임을 알고 있다. 중요한 것은, 이상적인 상태를 마음에 그려보고 묘사하는 것 자체가 우리의 마음에 추진력과 동기를 부여하고, 명확하고 가시적인 방향을 제시해준다는 점이다. 따라서 이상은 우리가 삶을 살아가는 데에 있어 귀중한 나침반이 되어준다. 이상에 더 가까워지려고 할수록 삶은 더 쉽고 단순해진다.

개인의 삶과 공동체 생활에서 인을 최고의 가치로 여겼던 공자는 이렇게 말했다. "마음 깊이 인에 머무는 것은 지상에서는 극히 드문 일이다. (…) 이에 이르고자 하는 사람은 중도에 좌절하더라도 반드시 길을 나서서 걸어가야 한다. (…) 그는 목표에 눈을 고정한 채, 매일 노력을 기울이다가 죽을 때야 비로소 그런 노력을 중단한다."[19] 고대 로마의 시인 호라티우스는 "최종 목표에 도달할 수 없다면 여정의 일부라도 기운차게 걸어가라!"라고 했다.[20] 가이바라 에키켄은 말한다. "지고의 목표를 추구하면 그 목표의 중간까지 도달할 수 있지만, 중간까지만을 목표로 삼으면 결국 아무 데에도 이르지 못할 것이다."[21] 우리는 멀리 방랑할수록 삶에 더 만족하게 된다. 목표는 곧 길이다. 모든 생명이 그러하듯 인간 역시 살아 있는 한 길을 간다. 길을 걷는다.

걷기와 관련된 단순함에는 또 다른 측면도 있다. 이미 말했듯이 고대의 철학자와 사상가들은 행복하고 기쁘게 살기 위해서는 외부의 것들이 많이 필요하지 않다고 보았다. 현명한 사람은 자족할 줄 알기에 외부적인 것을 그리 많이 욕망하지 않는다.

공자의 제자 중 하나는 공자에 대해 "우리 스승님은 온유하고, 단순하고, 공손하고, 온건하고, 관대한 분이시니, 그렇게 함으로써 그것을 이루신다"라고 표현했다.[22] 공자의 수제자였던 중국 춘추 시대의 유학자 안회에 대해서는 이런 글이 있다. "가난에 찌들어 비참한 골목에는 밥이 담긴 나무 그릇과 물이 담긴 바가지가 있었다. 다른 사람들은 이런 삭막한 상황을 견디지 못했을 것이다. 그러나 안회는 쾌활함을 잃지 않았다."[23] 안회는 자신에게 소중하고 기쁨을 주는 것을 내면에 간직하고 있었다. 그곳, 내면의 성에서 그는 착잡한 외부의 삶으로부터 벗어났다. 고대의 현자들에게는 이런 내면의 영역이 더 중요했기에 그들의 삶은 단순하고 소박했다. 그들은 외적으로 보여지는 삶을 행복의 기준으로 삼지 않았다.

고대의 철학자들은 단순함, 검소함, 겸손함이 사치와 풍요보다 인간의 본성에 더 부합하고, 더 좋다고 믿었다. 반면에 사치와 풍요는 매우 빠르게 퇴폐한다. 즉 부자연스럽고 진실 되지 못하며, 가식적인 상태로 변질된다고 보았다. "진실 되고 단순하고 정직한 것, 그것은 인간의 본성에 가장 맞는 것이다." 키케로는 말한다.[24]

우리는 자기 자신의 뿌리, 중심에 가까워질 수 있는 도보 여행에서 바로 이런 경험을 한다. 인류의 문화사에서 물질적 풍요가 공허하고 무의미하다고 인식될 때마다 "자연으로 돌아가자!"라는 외침이 등장했다. 사람들은 늘 새로운 즐거움이나 기분을 전환시켜 줄 대상을 추구함으로써 자신으로부터 도피한다. 그런데 이렇게 살다 보면, 자연 속을 여러 시간 걸어 다니는 동안 경험할 수 있는 단순함과 느림을 갈망하게 된다. 이런 이유로 스토아 철학자 무소니우스 루푸스는 시골에서의 삶을 높이 평가했다. "그러므로 나는 결국 목동의 삶을 칭송한다. 그러나 지혜의 친구이자 농부라면, 다른 어떤 삶도 그와 비교할 수 없을 것이며, 그 어떤 소득도 그의 소득보다 낫지 않을 것이다. (…) 따라서 시골에서 농사를 지으며 사는 삶은 진정으로 아름답고, 영혼의 평화의 원천이다. (…) 적어도 선을 추구하는 것을 등한시하지 않는다면 말이다. 그래서 신도 케나이의 농부 뮈손을 지혜롭다고 선언했고, 프소피스의 아글라오스를 행복한 자라고 칭했다. 두 사람 모두 전적으로 자신을 위해 살았고, 자신의 밭을 일구고, 도시의 번잡함을 멀리했기 때문이다. 그러므로 그들을 본받아 정성을 다해 농사를 짓는 것이 마땅하지 않겠는가?"[25]

행복은 단순하다

이런 목가적인 말들이 고된 시골 생활을 낭만적으로 이상화한다는 비판의 시각도 있을 수 있다. 하지만 이런 시각으로 보면 무소니우스가 한 말의 진정한 핵심을 간과하게 된다. 모든 도보 여행자는 힘들더라도 고단한 발걸음을 옮겨 자연을 경험할 때, 그 경험이 선사하는 진실과 아름다움을 알고 있다. 이런 경험이 바로 우리가 계속해서 자연을 찾게 되는 본질적인 이유다. 세네카는 "도시의 성벽을 뒤로하고, 숲을 사랑하는 삶보다 더 아름답고 악덕에 물들지 않은 삶은 없다"라고 말한다.[26] 우리는 행복이 사실은 아주 단순한 것이며, 자연과 간소한 삶의 방식이 긴밀히 연관되어 있음을 경험한다. 걷는 동안에는 그저 걸을 뿐 아무것도 하지 않지만, 그 자체만으로 우리에게 크나큰 행복이 깃든다. 걷기의 즐거움을 "목적 없음을 향유"하는 것이라고 본 열자는 이렇게도 말했다. "자족하기를 배우는 것, 그것은 도보 여행의 가장 높은 단계다."[27] 이를 경험하고 배우고 내면화한 사람은 비록 물질적으로 풍요롭지 못하고, 외부의 상황이 힘들다고 해도 일상을 즐길 수 있다. "삶의 단순한 것들에 기뻐하는 것이 곧 인생을 즐기는 것"이라고 가이바라 에키켄은 말한다.[28]

그리스의 역사가 헤로도토스는 그의 주요 저작인 《역사》의 첫머리에서 다음과 같은 짧은 이야기를 들려준다. 리디아(기원전 7~6세기 무렵 소아시아 서부에서 번성했던 왕국. 오늘날의 튀르키예 서부 지역에 해당한다─옮긴이)의 부유한 왕 크로이소스는 그리스의 7명의 현자 중 하나인 솔론에게 자신의 막대한 보물을 보여주며, 누가 세상에서 가장 행복한 사람으로 보이느냐고 묻는다. 그러자 솔론은 크로이소스가 기대했던 대답, 즉 크로이소스가 가장 부자라고 대답하는 대신에, 너무 많은 부를 소유하면 신들의 질투를 유발하며, 그런 운명은 빠르게 바뀔 수 있음을 회의적인 태도로 상기시킨다. 그러면서 자신이 보기에는 아테네의 텔로스가 가장 행복한 사람이었던 것 같다고 말한다. 아테네의 텔로스는 가정과 국가에 대한 의무를 다하고, 검소한 생활을 했으며, 고통 없이 평화로운 죽음을 맞이했다면서 말이다. 이처럼 그리스인들은 모든 과잉을 경계했다. "텔로스의 행복은 크로이소스가 상상한 것과는 달랐다. 그것은 인간에게 어울리는 겸손한 행복이었다. (…) 이와 같은 행복은 불가능한 것은 그 무엇도 힘쓰지 않고, 인간의 분수를 넘어서지 않으려는 자에게 만족을 주기에 충분한 것이었다."[29] 행복과 중용과 단순함은 본질적으로 서로 통하며, 함께 가는 개념이다.

이 장의 말미에 이르러 《장자》에 수록된 고대 중국의 이야기를 소개하고 싶다. 장자는 현자 의요와 노나라 왕 사이의 대화를 들려준다. 노나라 왕은 예전 성왕들의 유업을 이어받고 모든 거룩한 예를 따랐음에도 "고통에서 벗어날 수 없다"며 탄식한다. 그러자 의요는 이런 대답을 준다. "좋은 털을 가진 여우와 아름다운 무늬를 가진 표범이 깊숙한 산중에 살며 바위굴에 숨어 있는 것은 고요함을 지키기 위해서입니다. 그들이 밤에 사냥하고 낮에 엎드려 있는 것은 경계를 하기 때문입니다. 비록 배가 고프고 목말라 먹이를 찾을 때도 사람을 피해 멀리 떨어져 찾습니다. 그럼에도 그들이 그물과 덫을 걱정하는 것은 그들의 잘못 때문이겠습니까? 바로 그들의 털가죽이 걱정과 재난의 원인입니다. 왕을 불행으로 몰아가는 것은 당신의 털가죽 때문입니다. 노나라가 바로 왕의 털가죽과도 같습니다. 나는 당신이 털가죽을 벗어버리고, 마음을 씻고, 욕심을 버린 후 사람이 없는 들판으로 발걸음을 옮기기를 바랍니다. (…) 멀리 남월에 덕을 이룬 사람들이 사는 나라가 있습니다. 그곳의 백성은 어리석지만 순박하며 사사로운 마음이 적고 욕심에서 자유롭습니다. 그들은 물건을 만들 줄 알지만, 자신의 몫으로 저장할 줄 모릅니다. (…) 무심하게 마음을 따라가는 가운데 올바른 일을 합니다. (…) 그러므로 왕께서도 나라를 떠나 사리사욕을 버리고 자연의 도와 어울려 이 나라로 가십시오! (…) 스스로 얽매임을 풀고 근심을 없앤 후 홀로 도를 행하는 가운데 저 적막의 세계에서 노니시길 바랍니다."[30]

사리사욕을 버리고 살라는 것이 반드시 세상을 등지고 세속적 기쁨을 완전히 포기하라는 뜻은 아니다. 장자가 전하는 이야기는 우리 현대인의 지나친 물질주의와 외적인 가치만을 지향하는 태도에 대한 경계로 읽으면 족할 것이다. 외적인 것에 너무 집착하지 말고, 자신의 행복을 외적 목표를 이루거나 재화를 얻는 것과 직결해서는 안 되며, 다른 사람의 결정이나 태도에 좌우되지 말라는 것. 이것이 장자가 전하려는 내용일 것이다. 우리는 삶뿐만 아니라, 삶을 위한 노력을 더욱더 단순하게 해야 한다. 세속적인 욕심이나 앞날에 대한 걱정에서 가능한 한 자유로워져 존재 그 자체와 일상에 대한 기쁨을, 현재 우리가 가진 것에 대한 기쁨을 오롯하게 누려야 한다.

그렇다고 해서 무언가를 바라고, 의도하고, 계획하는 일을 전혀 하지 말아야 한다는 의미가 아니다. 우리가 무언가를 즐기고 경험할 때는 다른 계획이나 의도를 잊고, 지금 이 순간에 온전히 집중할 수 있어야 한다는 뜻이다. 미래에 대한 걱정 때문에 현재를 누리지 못하고, 존재의 기쁨을 잊어서는 안 된다. 7명의 현자 중 한 사람이 역설적으로 표현한 것처럼, "인생의 시간이 많이 남은 것처럼, 동시에 얼마 남지 않은 것처럼 살아야 한다."[31] 현재의 순간을 마음껏 즐기는 동시에 그다음에 올 시간을 놓치지 않는 것, 이것이 삶의 기술이다.

우리가 어떻게 하느냐에 따라 삶은 어려워질 수도 쉬워질 수도 있다. 구체적으로 말하면, 우리의 생각, 욕망, 말과 행동, 태도, 성격에 따라 어떤 삶을 살지가 결정된다. 좋은 삶은 쉽고 단순하다. 모든 본질적인 것은 우리 손에 달려 있고, 우리가 어찌할 수 없는 외부 상황은 행복에 거의 영향을 미치지 못한다. 에피쿠로스는 자연이 요구하는 것은 쉽게 얻을 수 있지만, 우리 스스로가 끝없는 두려움과 욕망을 만들어내고 있다고 말했다.[32] 우리가 외부의 것을 중요하게 여길수록, 그것들이 우리를 짓누르는 힘은 더욱더 커진다.

자연 속에서 즐기는 피크닉은 걷는 도중에 절대 놓치고 싶지 않은 행복한 시간 중 하나다. 멋진 분위기의 레스토랑에서 먹는 산해진미를 마다할 사람은 없겠지만, 내가 아는 최고의 레스토랑은 자주 천천히 걷다 오곤 하는 산길 가장자리에 있다. 걷다가 출출해지면 산책로에서 멀지 않은 조용하고 전망 좋은 곳에 자리를 잡는다. 그곳에 편안히 앉아 빵과 치즈를 꺼내 먹고, 와인도 한 모금 마시며 미각의 향연을 즐긴다. 이때처럼 음식이 맛있게 느껴질 때는 없다. 나는 주변 환경과 분위기, 내 생각과 마음 상태에 따라 감각적으로 얼마나 더 즐거워질 수 있는지를 느낀다. 자연을 걷는 일 자체보다 더 좋은 식전주는 없다. 또한 압도적인 풍경, 신선한 공기, 야생의 온갖 식물과 나무 냄새, 번잡한 세상으로부터 멀리 떨어져 고요를 느끼는 것보다 더 좋은 향신료도 없다. 나는 여기서 존재의 단순함을 느끼는 가운데 나 자신과 만난다. 모든 것이 내게서 훌훌 멀어져가고, 내게 남은 것은 오직 내가 살아 있다는 사실과 나와 자연이 연결되었다는 인식뿐이다. 이 순간에 나는 내려놓는 법을 배우고, 본질적인 삶의 가벼움과 단순함을 깨닫는다. 행복해지는 데는 많은 것이 필요하지 않다. 우리가 내면의 태도, 가치, 의지, 생각에 집중한다면, 어디에 있든 그 순간의 행복을 포착하기에 충분하다. 가이바라 에키켄은 "고독 속에 조용히 앉아 있는 것도 기쁨이다. 이 고요한 기쁨은 화려한 축제의 기쁨을 능가한다"라고 썼다.[33] 헤르만 헤세는 이렇게 시를 읊는다. "대지의 품에 조용히 안기는 것보다 / 지상에서 더 순수한 열락을 알지 못하네. (…)"[34]

하지만 나도 바쁜 일상에 쫓기다 보면 이런 경험을 종종 잊어버리곤 했다. 시간이 흘러, 조용한 자연을 찾아 도보 여행을 많이 다닌 끝에 비로소 이런 경험은 내 내면에 굳건히 자리 잡았고, 세상과 나 자신을 이해하는 데 본질적인 요소가 되었다. 단순한 것을 추구하고 소중히 여기려는 태도는 내 삶을 이루는 유익한 습관이 되었다.

지난날을 돌아보면, 삶에서 즐겁고 성공적이고 행복한 것들은 모두 좋은 생각, 의지, 행동 습관에서 비롯되었다. 반면 괴롭고 고통스러운 것은 일반적으로 좋지 않은 습관에 기인한 것이었다. 나는 내 습관의 총합에 불과하다. 습관은 나의 제2의 본성이다. 이 두 번째 본성은 전적으로 내가 통제할 수 있다. 나는 부단한 연습 과정을 거쳐 몇몇 나쁜 습관을 바꾸는 데 성공했다. **생각, 의지, 가치관, 말**

과 행동의 측면에서 늘 해오던 습관을 바꾸지 않는다면, 아무것도 달라지지 않는다. 대자연을 누비며 생각에 잠기는 가운데 얻은 영감, 자신감, 성공적인 변화를 위한 자극은 내게 큰 힘이 되었다. 이보다 더 좋은 영감의 원천을 나는 알지 못하기에 앞으로도 계속 걷고 또 걸을 것이다.

산책 노트

도보 여행은 가장 쉽고 단순하며 큰돈이 들지 않는 여가 활동이다. 걷기로 마음먹었다면 많은 것이 필요하지 않지만, 기존의 관성을 극복하고 길을 나서려면 결연함과 끈기가 필요하다. 성공적인 삶도 마찬가지다. 우리가 갈망하는 행복은 내면에 있기 때문에 외적인 재화는 그리 많이 필요하지 않다. 그러나 내적으로 행복하려면 끊임없이 자신의 약점을 개선하고, 강점과 잠재력은 키워나가고, 조화로운 균형을 이뤄야 한다. 한마디로 말해, 인격을 계발해야 한다. 우리는 자기에게 해가 되는 낡은 생각, 의지, 행동 패턴과 작별하는 대신 유익한 새로운 습관을 들이면서 인격을 계발해나갈 수 있다. 이는 험준한 산을 등반하는 것만큼이나 힘든 일일 수 있다. 그러나 일단 한번 실천하고, 연습을 통해 새롭게 습관을 들이고, 그것이 내면의 태도로 자연스럽게 자리 잡게 하면 삶은 좀 더 단순해진다. 많이 고민하지 않아도 우리는 직관적으로 적절하게 행동하고 적절한 결정을 하게 된다. 장기적으로 무엇이 우리에게 기쁨을 주는지 배우고 내면화했기 때문이다.

12

침착성과 참을성을 배우는 길

그들은 침착하게 가고, 침착하게 왔다.
그들은 자신들의 근원을 잊지 않았다.

― 장자

평정심은 단순함, 마음의 평화, 내면의 균형에 가깝다. 걷다 보면 마음이 한결 더 침착해진다. 걷기의 균일한 리듬, 이런 형태의 운동이 주는 단순함과 여유로움, 광활한 자연의 아름다움, 그로부터 이어지는 내면의 고요한 평화는 더욱더 평온하고 균형 있는 상태로 이어진다. 걷는 동안 외부와 내부의 인상이 차분히 흐르면, 일종의 명상 상태로 진입한다. 일상의 온갖 근심이 훌훌 떨어져나가고, 우리를 억누르고 몰아가던 것은 멀리 물러난다. 우리는 내려놓고, 침착해진다.

찬란한 햇살을 즐기는 곳,
그곳에서 모든 걱정을 내려놓네.
걱정에 마음을 빼앗기기엔
세상은 무척이나 넓다네.

침착성은 마음을 내려놓을 수 있는 능력과 같다. 무한하고 영원한 자연을 육체적·정신적으로 경험할 때 우리의 걱정은 작고 하찮아진다. 또 모든 흥분이 가라앉는다. 여러 시간 걷다 보면 자연의 고요가 몸과 마음에 스며들고, 우리는 자연과 하나가 되어 햇빛과 주변의 분위기가 차츰 변하는 것을 고스란히 느낀다. 판타 레이 Pantha rei(그리스어로 '모든 것은 흐른다'라는 뜻—옮긴이), 모든 것은 흐른다. 자연 속을 걸으며 모든 것이 흘러가도록 내버려두는 것이 얼마나 즐거운지를 경험한다. 또한 얼마나 아름다운지도. 우리는 순간순간을 그저 받아들일 따름이다. 한편으로 우리의 자아는 한발 물러서서 스스로를 바라보고 감동한다. "도보 여행자가 갖춰야 할 가장 중요한 장비는 마음의 특별한 재능과 눈의 특별한 힘이다. (…) 마음의 특별한 재능이란 바로 정처 없이 표류하는 것이며, 눈의 특별한 힘이란 발길 닿는 대로 평온하게 나아가는 것이다."[2]

현명한 사람은 억지로 하지 않는다

침착한 사람은 "삶의 아름다운 흐름"을 있는 그대로 보고, 여기에 개입하지 않는다. 사물의 진행 과정과 자연의 상태가 이미 균형을 이루고 있다고 보기 때문이다. 또한 그는 자신의 의지를 관철할 수 있는 상황에서도 자제력을 발휘한다. 이런 식으로 내면의 평화를 유지한다. 장자는 "현자는 억지로 할 수 있는 것도 억지로 하려고 하지 않는다. 그리하여 그는 동요하지도 흥분하지도 않는다"라고 말한다.

우리는 우리의 의지대로 바꿀 수 없는 삶의 자연스러운 리듬 속에 우리가 공명해야 하는, 우리의 의지보다 더 크고 강력한 무언가가 있다는 것을 경험한다.

자연의 움직임과 리듬을 받아들여 그것을 자기 삶의 토대로 삼는다는 것은 노자와 장자의 사상을 아우르는 도가 사상의 이상이었다. 도가의 사상가들은 자기중심적인 욕망에 내몰려 자연에 개입하고 변화시키는 것을 소외이자, 인간의 오만, 자연에 대한 반역으로 보았다. 냉철한 스토아 철학자들조차 우리에게 "자연에 따라" 살라고 거듭 촉구하지 않았는가. 도가에서는 참된 인간을 '진인眞人'이라 일컬었는데, 다음과 같이 묘사되었다. "옛날의 진인은 초연하게 떠났고, 초연하게 왔다. 그들은 자신들의 근원을 잊지 않았지만, 그렇다고 끝나는 곳을 알려고 하지 않아서 생명을 받아서는 그대로 기뻐하고, 생명을 잃게 되어서는 대자연으로 돌아갔다. 그렇게 그들은 자신의 의식으로 도를 그르치지 않았고, 인간적인 것으로 무리하게 자연의 운행을 보완하려 하지 않았다. 이런 사람을 일러 진인이라고 한다."[3]

우리는 스스로의 자아도, 세계도 창조할 수 있는 존재가 아니다. 기껏해야 나아갈 길을 정하고, 우리의 내면과 주변의 좁은 반경에 질서를 만들어낼 따름이다. 즉 우리 삶의 기본 조건이나 우리 존재의 내적·외적 법칙은 바꿀 수가 없다. 이런 것들은 그저 우리에게 주어진 것일 따름이다. 우리는 대자연 속을 걸을 때 이런 인식을 오롯이 받아들인다. 자연은 우리에게 겸손의 덕을 가르쳐주는데, 바로 이럴 때, 자연스럽게 평정심이 생기며, 이와 함께 우리가 바꿀 수 없는 사물의 흐름에 복종할 수 있는 상태가 가능해진다. 걸을 때는 지나온 것이나 앞으로 다가올 것을 보지 말고 그저 한 걸음, 한 걸음에 집중해야 한다. "당신의 생명은 당신 자신의 것이 아니다"라고 열자는 말한다. 《장자》에 나오는 노나라의 현인 자래는 죽기 전, 문병을 온 친구에게 이렇게 말한다. "이제 하늘과 땅은 커다란 용광로요, 조물주는 위대한 주물공으로 생각한다면 나야 어떤 형태로 변하든 좋지 않겠는가. 나는 편안히 잠들고, 고요히 다시 깨어날 것일세."[4]

《예기》에는 이렇게 쓰여 있다. "충동을 따르지 말고, 원하는 것을 남김없이 이루려고 하지 말라. 기뻐해도 지나치게 기뻐하지 말라. 현명한 사람은 조심성을 잃지 않은 채 누군가와 친해질 수 있고 (…) 결점을 알면서도 누군가를 좋아할 수 있으며 장점을 알면서도 누군가를 미워할 수 있다. 재화를 모으면서도 너그러이 줄 수 있다. 침착하면서도 단호할 수 있다."[5]

정도가 지나친 나머지 자기의 중심에서 벗어나거나, 훗날 후회하고 괴로워하지 않는 한, 열정적이고 활기찬 기쁨이 우리에게 나쁠 것은 없다. 그러나 고대 전반적으로, 특히 그리스의 철학자들은 자유분방한 열정이 인간의 최고 선을 파괴할 수 있음을 단호하게 경계했다. 여기서 "최고 선"이란 내면의 자유와 독립, 자기 인생의 주인이 되어 자신의 생각과 통찰에 따라 주체적으로 살아가는 삶을 일컫는다. 이는 자신 안에서 안도감을 누리는 것이며 괴테의 말을 빌리자면, "자기 자신 안에 머물러 최고의 기쁨"을 누리는 상태다.[6]

앞서 살펴봤듯, 고대 중국의 도가 사상은 자연스럽게 진행되는 일의 과정, 자기 영속적이고 끊임없이 새로워지는 재생 과정에 억지로 개입하는 것을 비판했는데, 이는 현대인의 "계산적" 사고에 대한 하이데거의 비판과도 놀랍도록 닮았다. 하이데거는 20세기 철학자들 중에서 걷기를 즐겨 했던 사람으로 알려져 있다. 토트나우베르크의 외딴 오두막에서 존재와 인간의 삶에 대한 질문에 천착했던 하이데거는 매일 긴 시간 동안 슈바르츠발트를 여유롭게 산책하며 자극을 받고 활기를 되찾았다. 이런 진한 자연 경험은 그의 사상에 상당한 영향을 미쳤다.

하이데기는 "평정심"에 대한 짧은 논문을 썼는데, 그 글에서 이렇게 말한다. "계산적 사고는 결코 멈추지 못하니, 반성에 이르지 못한다." 지혜로운 사고의 단순함에 대해서는 이렇게 말한다. "가까움에 이르는 길은 우리 인간에게는 언제나 가장 멀기에 가장 힘든 길이다. 이 길은 사유의 길이다." 또한 "두 가지 차원", 즉 세속적이고 상대적인 차원과 내밀하고 절대적인 차원으로 사고하는 것에 대해서는 이렇게 말한다. "우리는 기술적 대상의 불가피한 사용에 대해

'예'라고 말할 수 있다. 물론 '예'라고 말할 수 있는 것은, 기술적 대상이 우리를 독점적으로 주장하여 우리의 존재를 왜곡시키고, 자기답게 살지 못하게 하고, 궁극적으로 우리를 황폐화시키는 상황을 막을 수 있는 한에 있어서다. 하지만 우리가 이런 식으로 기술적 대상에 대해 '예'와 '아니오'를 동시에 말한다면, 기술적 세계와의 관계가 양가적이고 불확실해지지 않을까? 정반대다. 이런 경우 기술적 세계와 우리의 관계는 놀랍도록 단순하고 평온해진다. 우리는 기술적 대상을 일상으로 들여오는 동시에 그것들을 외부에 머무르게 할 수 있다. 즉 그것들을 절대적인 것으로서 아니라, 더 높은 무언가에 의존한 채 남아 있는 사물 그 자체로 남겨둘 수 있다. 나는 이렇듯 기술적 세계에 '예'와 '아니오'를 동시에 취하는 태도를 '사물에 대한 평정심'이라고 부르고 싶다."[7]

고대에 외부의 세속적 활동 영역과 대조적으로 내면의 자유와 독립, 마음의 평화와 평정심에 이르는 길로 여겨졌던 "내면의 성"이라는 개념은, 성찰하고 숙고하는 삶과 기술적 세계와의 대조 속에서 다시 등장한다. 하이데거는 바로 위의 글에서 우리 시대의 특징을 계산적이고, 기능적이며, 기술에 매몰된 사고로 규정하고, 이를 "고향의 상실"로 본다.[8] 그가 활동했던 당시에는 이러한 경향을 심화시키는 디지털화가 아직 시작되지도 않았는데도 그렇게 진단했다.

규칙적으로 걷는 가운데 우리의 생각과 존재가 변화한다. 마르쿠스 아우렐리우스가 말했듯, 우리의 영혼은 우리가 생각하고 경험하고 행동하는 대로 "상상의 빛깔"로 물든다.[9] 자연 속을 누비는 동안 우리의 뇌는 의식적으로든 무의식적으로든 느끼고 자극받는 모든 것과 자연 경험의 강렬한 인상을 저장한다. 그 결과, 장기적으로 이런 심오한 경험과 느낌이 우리의 마음 상태, 태도, 가치관을 형성한다. 한편, 이런 변화 과정을 거치면서 우리는 내적으로 더 침착해지고, 평온해진다. 물론 걷는 것만으로 더 지혜로워지고, 오랫동안 행복하고, 평온을 지속할 수 있는 것은 아니지만, 분명 걷기는 이렇게 되는 데에 상당한 도움을 준다.

견디는 힘은 침착하고 평온한 내면에서 나온다

침착성이나 평온은 참을성과 밀접하게 관련되어 있다. 세네카의 말처럼, 사람은 "견디는 기술"을 터득해야 한다.[10] 침착성이나 평온이 균형 있고 잠잠하고 확고한 내면의 기본 상태를 말한다면, 참을성은 고통스럽고 괴롭고 실망스러운 상황에서도 자기 자신의 고결함과 중심을 잃지 않고 견뎌내는 능력을 말한다. 기원전 19세기 이집트의 한 문헌에는 "고통을 견딜 수 있는 마음이 있다면, 그와 함께 안식을 찾으리"라고 적혀 있다.[11]

자연 속을 걷는 활동은 우리에게 "견디는 기술"을 가르쳐준다. 우리가 걷는 동안에 늘 햇빛이 들지는 않는다. 가볍고 상쾌한 미풍이 언제나 붙지도 않으며 항상 산책로가 평탄하거나 잘 정비되어 있는 것도 아니다. 때로 자연은 우리를 힘든 길로 인도한다. 비가 내리고, 눈이 오고, 폭풍이 몰아치고, 안개가 짙게 끼고, 너무 춥거나 너무 더울 때도 있다. 언제 끝날지 모르는 오르막을 계속 오르거나, 험한 고갯길을 지나야 할 수도 있다.

이렇듯 우리의 한계를 시험하는 듯한 상황에 맞닥뜨리면, 차라리 걷기를 포기하고 달성하기를 고대했던 정상 등반은 뒤로한 채, 이제 그만 집으로 돌아가는 것이 낫겠다는 생각이 든다. 이런 때에도 용기를 잃지 말고, 우울해하거나 낙담하지 말고 견디는 것이 중요하다.

"고난을 견디지 못하면 방랑자가 아니다"라는 옛 속담이 있다.[12] 우리는 운명이 우리에게 주는 것을 받아들이는 법을 배워야 한다.

때때로 자연 속을 걷는 동안 어려움을 참을 수밖에 없는 순간과 마주하고, 이를 피할 수 없다는 사실을 이해한다. 그저 묵묵히 견딜 도리밖에 없음을 말이다. 심한 눈보라를 헤치고 나아가거나 폭풍우에 굴하지 않고 맞설 때면, 우리 안의 숭고한 감정이 눈을 뜬다. 우리는 스스로의 한계를 경험하고, 자연의 위력을 실감한다. 우리가 제어할 수 없는 자연과 운명에 내맡겨진 자신을 발견한다. 참을성을 기르고 겸허히 수용하는 것만이 제한적이고 유한한 우리 인간 존재에게 합당한 겸손의 한 태도임을 배운다. 마르쿠스 아우렐리우스는 이렇게 쓴다. "겸손하고 교양 있는 사람은 모든 것을 허락하고 다시 취하는 자연에게 '그대가 원하는 것을 주고, 그대가 원하는 것을 되찾아라!'라고 말한다."[13]

참을성은 고통스럽고 슬픈 상황을 경험할 때 요구되는 덕목이다. 초기 그리스의 시인 테오그니스가 그러했듯, 스스로에게 이렇게 말해야 한다. "내 마음아, 견딜 수 없는 고통 속에서도 견뎌라!"[14] 견디는 일은 체력뿐만 아니라, 내면의 힘과 용기를 시험하고 훈련하는 것까지 포함한다. 숙련된 도보 여행자들도 아주 고될 것으로 예상되는 도보 여행을 떠날 때면 참을성이 필요하다. 맹자는 이미 이렇게 가르쳤다. "하늘이 사람에게 큰일을 맡기려 할 때는 먼저 그 마음과 뜻을 괴롭게 하고, 근육과 뼈를 깎는 고통을 주고, 몸을 굶주리게 하고, 빈곤에 빠뜨리고, 하는 일마다 수포로 돌아가게 한다. 강인함과 참을성을 길러 지금까지 할 수 없었던 일을 할 수 있게 하기 위함이다."

맹자의 말은 매우 엄격한 금욕주의자의 말로도 들리지만, 어느 정도의 고통과 결핍이 인격의 발달에 도움이 될 수 있다는 진리를 표현한 것이다. 고대 그리스의 극작가 아이스킬로스도 말한다. "제우스는 유한한 인간에게 진리의 길을 보여준다. 그 길은 고통을 통해 배우는 길이며, 이 법칙은 영원하리라."[15] 그리하여 우리는 내적 게으름을 극복하고, 신체의 힘을 느끼고 자극하며 단련하기 위해 걷는다. 걷는 가운데 자신의 힘과 의지, 참을성과 회복력을 확신하게 된다. 다른 운동과 마찬가지로 걷기 또한 우리의 자신감을 강화한다. 특히 쉽지 않은 도전을 통해 자신감은 더욱더 커지는데, 이런 경험은 우리가 자신의 중심을 든든하게 지키며 주체적으로 살아갈 수 있도록 돕는다. "자제력의 근육도 훈련할 수 있다"고 한 소크라테스의 말이 바로 이런 점을 의미한 것이 아니었을까.[16]

우리는 걷다가 힘든 상황에 부딪혔을 때 이를 타개해나가는 연습을 통해 인생의 힘든 시절에도 "견딤의 기술"을 발휘할 수 있다. 플라톤은 소크라테스의 입을 빌려 운명의 타격을 참을성 있게 견디는 "치료법"을 말해준다. "불행을 당했을 때 가능한 한 침착함을 유지하고 자제력을 발휘하여 아픔을 지나치게 내비치지 않는 것이 가장 좋다. 왜냐하면, 첫 번째는 그런 불행이 결국 복이 될지 화가 될지 알 수 없기 때문이며, 두 번째는 전전긍긍하는 행동은 모든 면에서 득 될 것이 없기 때문이다. 세 번째는 인간적인 손실이란 그렇게 야단법석을 떨 만한 가치가 없는 것이기 때문이며, 네 번째는 계속해서 탄식하고 비애에 잠겨 있으면 이 일을 어떻게 처리해야 할지 판단하는 정신 능력에 방해가 되기 때문이다. 어떤 정신 능력이냐 하면 (…) 어떤 일이 벌어졌을 때 스스로 이성적으로 생각하여 주어진 상황에서 합리적으로 계산하는 이성이 최선의 조치를 취하게끔 하는 능력이다. (…) 불행한 일을 만났을 때 가능하면 빨리 치유와 회복으로 나아갈 수 있도록 늘 마음을 준비해둬야 한다."[17]

이런 인식은 우리 눈에 '불행'으로 다가오는 일을 만났을 때 더 초연하게 견디게 하는 효과적인 수단이다. 특히 불행으로 여겼던 일이 훗날 긍정적인 일로 이어질지는 아무도 모른다는 생각, 탄식만 하는 것은 아무런 도움이 안 된다는 생각, 침착성을 유지할 때 불행에 최선의 방법으로 대응할 수 있으며 심지어 "화를 복으로 바꿀"[18] 수도 있다는 생각은 어려운 일을 만났을 때 많은 도움이 된다.

침착하게 견뎌낼 수 있다면 모욕도 화도 내 것이 아니다

걷기로써 "견딤의 기술"을 훈련하면 일상에서도 ― 걷는 도중에 만난 비바람이 몰아치는 순간처럼 ― 계획과 소망을 그르쳤을 때나 예상하지 못하게 어려움을 안겨주는 사람들을 만났을 때 더 침착하게 대처할 수 있다. 유감스럽게도 살다 보면 어떤 방식으로든 문제를 일으키는 사람들을 드물지 않게 만난다. 대부분의 경우 이런 상황에서 짜증을 내거나 화를 낸다. 더 심한 경우에는 증오나 절망으로 반응하는데, 이와 같은 부정적인 감정이 쌓이면 중대한 신체적 질병이 생길 수도 있다.

우리의 분노를 유발하는 사람을 만날 때가 있는 한편, 다른 사람으로부터 무례한 대우를 받거나 굴욕적인 상황에 놓일 수도 있다. 이런 상황에서 우리가 할 수 있는 일은 별로 없다. 예를 들어, 직장의 상사가 은근히 나를 무시한다고 가정해보자. 업무적으로 그리 엮일 게 없는 관계라면 가능한 한 신경 끄는 게 최선의 방법이겠지만,

팀 프로젝트를 함께 완수해야 하거나 직속상관이라면 그렇게 하기 어렵다. 이럴 때 필요한 것이 바로 참을성이다. 여기서 참을성이란 무조건 감정을 억누르거나 상황을 회피하기보다, 내적으로 침착성을 유지하면서 용감하고 꿋꿋하게 상황을 견뎌내는 것에 가깝다.

물론 이렇게 견디는 것보다 더 좋은 태도는 다른 사람들에게 공격을 받거나 모욕을 당하더라도 그것을 공격이나 모욕이라고 느끼지 않는 마음 상태와 내적 태도를 예비해두는 것이다. 이는 우리가 자신의 "내면의 성"에 굳건히 발붙일 때, 즉 다른 사람에게 좌우되지 않는 자존감을 지닐 때 가능하다. 세네카는 "진정한 위대함은 모욕을 당해도 기분 나빠 하지 않는 것"이라고 말한다. "마음대로 해봐라. 그래봤자, 당신은 내 밝은 기분을 흐리게 할 수 없을걸" 하는 태도인 것이다.[19]

걷는 도중의 자연 경험을 통해 우리는 "진정한 위대함"이 무엇인지 깨닫는다. 자연을 닮은 드넓은 마음을 가질 수 있다면, 그전에는 마음의 평화를 잃어버리고 몹시 화가 났던 그 모든 일들이 우리에게 아무런 영향을 끼치지 못하고 튕겨 나갈 것이다. "철학자가 작은 모욕을 무시해버릴 수 없다면, 스스로 죽음을 무시할 수 있음을 증명해야 할 때 철학이 무슨 소용이 있겠는가?" 스토아 철학자 무소니우스 루푸스는 묻는다. 그러고는 이렇게 말을 잇는다. "그러나 올바른 이해력과 통찰력을 가진 사람은, 그런 '부당한 취급'에도 마음의 평정을 잃지 않고, 그것으로 자신이 모욕을 당했다고 생각하지 않는다. 오히려 모욕을 당했다고 생각하는 것을 부끄럽게 여긴다. (…) 그런 일에 분개하거나 흥분하는 것은 속이 좁은 것이다! 오히려 그는 온유하고 침착하게 자신에게 닥친 비난을 견뎌낼 것이다."[20]

걷는 동안 대자연을 가까이 경험하고, 그 모든 힘과 아름다움 속에 깃든 자연의 법칙과 본질을 점차 이해하듯, 우리는 또한 주변 사람들의 성정을 이해하고, 공감해야 한다. 마르쿠스 아우렐리우스의 말처럼, "그들이 어떤 영혼의 아이인지"를 알아차리기 위해 노력해야 한다. 주변 사람의 결점이나 독특한 성격이 견디기 힘들게 다가올 때 특히나 이런 공감 어린 이해가 중요하다. 주변 사람들이 불완전하더라도 그들을 존중해야 한다. 더불어 자신을 포함한 모든 사람들이 성격적 결함이나 약점을 갖고 있다는 사실을 인정해야 한다. 누구도 다른 사람보다 자신이 더 나은 존재라고 생각해서는 안된다. 오만은 금물이다. 고대 이집트의 파피루스 문서에는 이런 글이 적혀 있다.

다른 사람을 존중하라,
그러면 그대도 존중을 받을 것이다.
사람들을 사랑하라,
그러면 사람들도 그대를 사랑할 것이다.
그대의 길을 너무 거침없이 걷지 말라.[21]

우리는 할 수 있는 한, 다른 사람의 부족한 점을 보듬고 보완하려 애써야 하고, 그럴 수 없을 때는 너그럽게 받아들여야 한다. 세네카는 "잘못에는 관용을 베풀고, 잘못한 사람에게는 적이 아니라, 오히려 좋은 방향으로 이끄는 인도자가 되라"고 조언한다.[22]

사회생활을 하다 보면 간혹 '왜 저럴까?' 싶은 생각이 드는 행동을 하는 사람들이 있다. 굳이 그러지 않아도 될 텐데, 냉랭하게 반응하고 가시 돋친 말로 상처를 주는 사람들이다. 그와 같은 행동은 그들의 마음이 불균형하고 고통스러운 상태임을 방증하거나 어떤 상처가 아직 채 아물지 않았다는 사실을 보여준다. 한마디로, 누군가의 공격적인 태도는 그들 내면의 고통의 표현이다. 분명한 것은, 자기의 고통을 다른 사람을 향해 그릇되게 표출하면, 훗날 그 잘못이 고스란히 자신에게로 되돌아온다는 사실이다. 세네카는 스승 아탈로스의 말을 인용해 "악의는 그 독의 대부분을 스스로 마셔버린다"라고 말했다.[23]

우리는 침착성을 잃지 말고, 다른 사람에게 받는 공격과 모욕이 우리 내면의 성벽에 부딪혀 무력하게 사라지도록 해야 할 것이다. 키케로는 "마음의 모든 평온은 인간 본성을 아는 데에 있다"라고 말한다. "인간의 본성이 어떤지 그 모습을 더 쉽게 알기 위해서는, 말로써 모든 사람의 공통된 상황과 인생의 법칙을 이야기해봐야 한다. 에우리피데스가 〈오레스테스〉(에우리피데스가 쓴 비극으로, 거듭된 근친 살해로 신들의 미움을 산 아가멤논 가문의 비극적인 말로를 담고 있다—

옮긴이)를 상연할 때, 소크라테스가 첫 세 구절을 반복한 이유가 있을 것이다. 그는 이렇게 반복했다. '아무리 끔찍한 소식도, 운명도, 하늘의 진노가 내린 불행도, 인간의 본성이 인내로 견디지 못할 것은 없다네.'[24]

모욕감은 자기애가 너무 강할 때 더욱더 민감하게 느껴질 수 있으므로 과도한 자기애에 뿌리를 둔 모욕감을 극복하는 연습을 하고, 보다 침착하고 참을성 있게 대응해야 한다. 마르쿠스 아우렐리우스가 평생 스승으로 추앙했던 스토아학파 철학자 에픽테토스는 다른 사람의 모든 공격과 모욕을 자신의 인내력을 키우는 연습으로 받아들이라고 조언했다. 우리를 향한 공격으로 날아온 것들이 우리의 정신 훈련을 위한 반가운 기회가 된다고 말이다. "나쁜 이웃? 하지만 내게는 좋은 이웃이다! 그는 내게 침착성과 순응하는 법을 훈련시켜준다."[25]

불행으로 보이는 일을 긍정적인 일로 바꾸려고 최선을 다하는 것, 그것이 바로 지혜의 위대한 기술이다. 도보 여행자가 힘든 오르막을 오르며 근육을 단련하고 키우는 것처럼, 지혜와 내면의 고요한 평화를 갖고자 하는 사람은 힘겨운 일상의 매 순간 자신의 정신력을 강화한다. 그렇게 시간이 지나면, 쉬이 분노하지도 앙금이 잘 쌓이지도 않는 마음을 자연스럽게 갖게 될 것이다. 기본적으로 온화하고 너그럽고 참을성 있는 태도가 분노나 원한이 자랄 만한 온상을 만들어주지 않기 때문이다. 그리하여 가이바라 에키켄은 우리에게 이렇게 청한다. "분노와 자기중심적인 욕망을 극복하라. 넓은 마음을 가지고, 다른 사람을 나쁘게 생각하지 말라. 그러면 그 어떤 불만도 그대 마음의 화평을 깨뜨릴 수 없기 때문에 그대는 내면의 고요와 만족을 누리게 되리라. (…) 사람들은 나쁜 행동을 많이 한다. 이런 길 잃은 사람들을 올바른 길로 인도하기 위해 최선을 다하라. 그러나 그들이 그대 말을 듣지도, 잘못을 바로 잡지도 않는다면 그냥 그렇게 두라. 그들은 무지하여 동정받아 마땅한 사람들이다. 그런 사람들은 현인조차 어찌할 수가 없다. 그대는 다른 사람의 이상한 성격 때문에 화를 내지 말라."[26]

산책 노트

균일하고 단조로운 걸음으로 대자연을 걷다 보면 자연의 고요가 우리의 몸과 마음에 스며들어 긴장이 풀리고 평온해진다. 또한 자연의 무한함 앞에서 우리 자신과 우리의 걱정은 작아 보인다. 우리는 주변의 점진적인 변화를 느끼며, 모든 것이 흘러가도록 내버려두는 것이 얼마나 즐겁고 아름다운지도 경험한다. 초연하고 참을성 있는 사람은 "삶의 아름다운 흐름"을 있는 그대로 받아들이고, 여기에 개입하지 않는다. 또한 그는 자신의 의지를 관철할 수 있는 상황에서도 자제력을 발휘한다. 자연을 걷는 활동은 우리에게 "견딤의 기술"을 가르쳐준다. 온갖 악천후와 험난한 지형을 마주한 우리는, 우리가 제어할 수 없는 자연과 운명에 내맡겨진 자신을 발견한다. 우리는 참고 견디고 내려놓고 허락하는 것만이 우리 인간 존재에게 합당한 태도임을 경험하고 배운다.

13

무상을 받아들이는 길

죽음을 경멸하지 말고, 그와 친구가 되라.
죽음 역시 본질적으로 자연이 의도한 것이니.
그대는 그대를 만들어낸 것 안에서 사라지리라.

—마르쿠스 아우렐리우스

대자연 속을 걷노라면 끝없이 펼쳐진 산맥, 광활한 바다와 하늘, 지나가는 구름 등이 영원에 대한 생각을 일깨워준다. 동시에 우리는 날씨와 빛의 변화를 체감하고, 시간이 흐르며 달라지는 대기의 분위기를 느끼면서 영원의 대척점에 있는 우리의 유한이나 무상을 떠올리기도 한다. 탄생과 죽음, 살아 있음과 죽어감, 덧없음과 변화는 사물을 만들고 자라게 하고 사라지게도 한다. 이것이 자연의 본질이다. 주의 깊게 주변을 살피며 걸을 때마다 이런 자연의 본질을 체감할 수 있다. 덧없는 것들이 우리를 둘러싸고 있음을 몸으로 느끼고 경험한다. 이런 경험으로부터 우리 자신의 덧없음과 죽음, 그리고 세네카가 우리는 "매일 죽는다"고 말했던 의미에서의 죽음에 이르는 길을 의식하는 데까지는 정말 지척이라 할 수 있다.

인도의 유서 깊은 종교인 자이나교에서는 선한 왕 아라빈다의 개종에 대한 다음과 같은 이야기가 전해온다. 아라빈다 왕은 자이나교 성전을 지을 계획을 세웠는데, 그가 회심한 경위는 이러하였다. "어느 날 그는 하늘에 흘러가는 구름을 보고 있었다. 그런데 그 구름이 마치 천천히 움직이는 장엄한 성전처럼 보이는 것이었다. 아라빈다 왕은 넋을 잃고 구름의 모습을 바라보다가 성전을 저런 모습으로 지으면 좋겠다고 생각했다. 그래서 재빨리 그 형태를 그려 두려고 붓과 물감을 가져왔다. 그림을 그리려고 하늘을 올려다보니, 이미 구름의 모습은 바뀌어 있었다. 그때 그에게 퍼뜩 생각이 떠올랐다. '세상은 저렇게 일시적으로 흘러가버리는 상태가 그저 연속되는 것에 불과한 게 아닐까? 그렇다면 어떻게 무언가를 내 것이라고 말할 수 있을까? 내가 계속 왕으로서 살아가는 것이 무슨 의미가 있을까?' 그는 곧 아들에게 왕위를 넘겨주고는, 수도승이 되어 정처 없이 황야를 떠돌았다."[1]

이렇듯 우리 도처에 편재하는 무상을 깨닫고, 그 깨달음을 내면화하면 삶은 더 풍요로워진다. 덧없음이 바로 인간 실존의 기본 조건이기 때문이다. 그러므로 이 사실을 억누르지 말고, 기꺼이 받아들여 우리의 생각, 느낌, 가치관에 뿌리내리게 해야 한다.

대부분의 사람들은 죽음이나 덧없음에 대해 생각하기를 꺼린다. 그런 생각을 억누르고 싶어 하거나, 애초에 그런 생각이 올라오지 않도록 의식적·무의식적으로 미리 내면의 장벽을 세우기도 한다. 죽음을 떠올리고 의식하며 사는 것은 용기가 필요한 일이다. 죽음을 생각하면 우리는 자연스럽게 아득한 마음이 들면서 공허함에 대한 두려움horror vacui이 느껴지기 때문이다. 그러나 살아가면서 이 실존적 주제를 피한다면, 정말 많은 것을 놓치게 될 것이다. 강렬한 자연 경험이 우리에게 가르쳐주는 가장 중요한 교훈 역시 바로 우리가 죽는 존재라는 사실이다. 인도의 철학자 샹카라가 표현했듯이, 죽음은 "지구상의 삶에서 가장 본질적인 특징"이다.[2] 앞에 소개한 아르빈다 왕의 이야기를 전한 인도학자 하인리히 짐머는 인도의 신화와 상징에 대한 그의 저서에서 인간의 유한성에 대해 이렇게 표현한다. "죽음은 시간의 법칙을 주관한다. 시간에 의해 투입된 죽음은 만물의 신이다."[3] 우리의 삶이 탄생과 시작에 의해 좌우되는 것만큼이나 끝, 즉 죽음 역시 우리의 삶을 좌우한다. 그래서 고대 그리스인들은 인간을 "필멸자死滅者"라고 불렀다.[4] 필멸자란 언젠가 죽는 자를 뜻한다.

삶의 끝은 여러 방식으로 우리의 삶에 영향을 미치고 많은 부분을 결정한다. 그러므로 죽음과 덧없음을 상고하는 일은 자아를 찾아가는 여정에서 필수적이고 매우 중요한 부분이다. 로마의 주교이자 철학자인 아우구스티누스는 "오직 죽음에 직면해서만이 인간의 자아가 태어난다"라고 말한다.[5] 도보 여행을 하며 겪는 진한 자연 경험은 우리를 죽음에 대해 사색하도록 이끈다.

죽음이 있어 사심 없이 살아갈 수 있다

죽음에 대해 깊이 생각하다 보면, 죽음은 결코 '나쁜 것'이 아님을 깨닫게 될 것이다. 세네카가 말했듯, 죽음은 언뜻 우리에게 나쁜 것처럼 보이지만 자세히 살펴보면 오히려 유익한 것이다.[6] 세네카는 "내 인생이여, 내가 그대를 사랑하는 것은 죽음 덕분이라네!"라고 외쳤다.[7] 동서양의 현인들 모두가 죽음에 대해 세네카처럼 생각했다. 이런 통찰을 내면화한 사람은 더 충만한 삶을 살아갈 수 있을 것이다. 죽음에 대한 공포를 극복할 수 있을 뿐 아니라 이외의 다른 수많은 두려움도 없애거나 줄일 수 있을 것이다. 세네카는 말했다. "죽음에 대한 두려움을 몰아낸 가슴에는 그 어떤 두려움도 감히 들어올 수 없다."[8]

날씨가 온화할 때만 걷지 말고, 온갖 생명이 잠든 듯 적막한 늦겨울에도, 뙤약볕이 내리쬐는 한여름에도 걸어보자. 계절을 가리지 않고 걸어 다니다 보면, 자연은 우리에게 죽음이란 단지 휴식일 뿐이며, 새로운 생명을 위해 자리를 내어주려면 꼭 필요한 과정임을 보여줄 것이다. 로마의 시인 루크레티우스는 이렇게 말했다. "그리하여 자연은 만물을 교대시킨다. 생성과 소멸이 서로를 돕고 보완하지 않으면 아무런 새로운 것도 생겨날 수 없다."[9]

중국의 열자는 그와 관련하여 이런 이야기를 전해준다. "제나라의 후작 경공이 우산에 올라갔다가, 북쪽에서 자기 나라의 성을 바라보고는 눈물을 쏟으며 이렇게 외쳤다. '오 내 나라여! 얼마나 아름다운가. 울창하고 무성한 초목이 이슬 속에 비치는구나! 어찌 내가 이 나라를 떠나 죽어야만 하는가? 이 세상에 죽음이 없다면 얼마나 좋을까? 장차 내가 여기를 등지면 어디로 가야 하는가?' (…) 이어, 제나라의 재상 안자의 간언이 이어진다. 아무도 죽지 않는다면 악인들도 계속 살아 있게 되어 경공이 나라를 다스리기가 더 어려웠을 것이라는 내용이다. 안자는 이렇게 말한다. '모두가 한동안 머무르다 또다시 떠났기 때문에 경공의 차례가 온 것이지요. 아무도 죽지 않는다면, 경공이 왕의 자리에 오르기도 어려웠을 것입니다. 그러므로 돌아가시는 것이 슬프다고 하여 눈물짓는 것은 어질지 못한 처사입니다.'"[10]

겨우내 자연은 휴식을 취한다. 그 시간을 통해 회복하고 힘을 얻어 다가오는 봄과 여름에 새로운 꽃들의 바다를 우리에게 선물한다. 인생도 이렇듯 지나가는 계절처럼 여겨야 할 것이다. 인생의 봄과 여름을 보낸 뒤에는, 시들고 성숙하고 거둬들이는 가을과 쉬고 회복하고 소멸하는 겨울이 온다. 시들고 휴식하고 소멸하는 과정을 거치지 않는다면, 우리를 포함해 모든 생명은 새로워질 수 없다. 열자는 이렇게 말한다.

창조된 모든 것은 끝이 있다네.
생명이 있는 것은 생명이 없는 상태로
되돌아갈 것이며,
형태가 있는 것은 다시 무형의 상태로
되돌아간다네.

삶이 영원히 지속되기를 간절히 바라며

그 끝을 저지하고 싶어 하는 자는

허황된 생각 가운데

존재의 숙명에 대해 착각을 하는 것이니.

그러나 그는 죽고 쇠해가네.

고요히 소멸해가네.

그렇게 모든 존재의 완성으로 돌아가네.

죽음은 위대하다! 참으로 위대하다![11]

고대인들도 인생의 덧없음을 절절히 경험했다. 기원전 2000년경, 고대 이집트의 파피루스 문서에 실린 하프 연주가의 노래는 이러하다. "태양신이 아침 일찍 모습을 드러내고 저녁에 대양으로 지는 것처럼, 조상의 대부터 한 세대는 지나가고 다음 세대가 그 자리를 차지한다. 남자들은 만들고, 여자들은 잉태한다."[12]

무상과 관련한 조언에는 종종 그로 인해 슬퍼하지 말라는 당부가 따른다. 사랑하는 사람이 세상을 떠났을 때도 영영 헤어나지 못할 정도로 과도하게 슬퍼하지는 말아야 한다. 열자는 이에 대해 인상적인 이야기를 들려준다.

"위나라에 동문오라는 사람이 있었다. 아들이 죽었는데도 그는 슬퍼하지 않았다. 동문오의 집사가 그에게 물었다. '천하에서 자신의 아들 사랑하기를 나리처럼 하는 사람을 보지 못했습니다. 그런데 그 아드님이 세상을 떠났는데, 나리는 왜 슬퍼하지 않으십니까?' 그러자 동문오가 말했다. '내게는 일찍이 아들이 없었던 때가 있었네. 아들이 없었던 그때, 나는 슬퍼하지 않았네. 이제 아들이 죽고 다시 예전처럼 아들 없이 살게 된 걸세. 그러니 내가 어찌 슬퍼해야 한다는 말인가?'"[13]

고대 그리스의 시인 핀다로스는 이런 시를 지었다.

여기에 불변하는 것은 없다네.

끊임없는 변화 속에서

땅은 필멸자에게 곧

풍성한 복을 베풀 것이니.

그러고 나면 그들은 다시 쉬게 되리라.[14]

고대 그리스의 비극시인 에우리피데스도 같은 맥락에서 이렇게 노래한다.

어떤 인간도 고통에서 자유로운 삶을 살 수는 없네.

그는 아이들을 무덤에 묻고, 다른 아이들을 얻는다네.

그 스스로도 죽어야 하네.

그런데 어찌 땅이 땅으로 돌아간다고 탄식하는가! (…)

자연의 순리를 어찌 불평하는가?

인간은 자연의 법칙을 견딜 수 있어야 하리.[15]

냉정하게 들리는 말들일지 모르겠지만, 그 안의 심오한 의미를 헤아려야 할 것이다. 동서양의 현자들은 슬픔과 연민이 쓸데없다고 생각하지 않았다. 다만 그들은 사람들이 혹독한 운명의 시련을 넘어서서 삶을 이어가고, 삶의 기쁨을 되찾을 수 있는 힘을 일깨우고자 했다.

20세기 독일의 고전문학자 베르너 예거는 소크라테스 이전 시기의 철학자인 헤라클레이토스를 언급하면서, 죽음과 덧없음에 대한 고대인들의 일관되고 내면화된 이해의 철학적·종교적 의미를 매우 명쾌하게 해석한다. 헤라클레이토스의 철학에서 죽음과 삶은 서로 밀접하게 연결되어 있어 하나를 이룬다. 예거는 이를 자세히 설명한다.

"세계의 모든 과정은 교환이다. 한 사람의 죽음은 다른 한 사람의 삶으로 교환되며, 왔다 갔다 하는 영원한 과정이다. 〔그러고 나서 예거는 헤라클레이토스의 말을 인용한다〕 '변화와 휴식, 살아 있는 것과 죽은 것, 깨어 있는 것과 잠자는 것, 젊은 것과 늙은 것은 기본적으로 하나이며 같은 것이다. 이것이 변하여 저것이 되고, 저것이 변하여 이것이 된다.'"[16] 예거에 따르면, 헤라클레이토스는 죽음과 무상을 "철학적 인간의 삶의 규범"으로 보았다.[17] 자연은 우리의 본보기가 된다. 자연은 우리가 누구이며, 어떻게 살고 어떻게 죽어야 하는지를 가르쳐준다. 또한 죽음이 자연스러운 것임을 알려주고, 죽음과 덧없음에 대처하는 길을 보여준다. 우리는 삶에서 죽음을 마주할 때마다 침착하게 중심을 잘 지켜야 한다. 동요하지 말고, 절망하지 말고, 지나치게 슬퍼하지도 말아야 한다.

기원전 2000년경 지어진 것으로 추정되는 서사시 《길가메시 서사시》에도 우리에게 덧없음을 받아들이라는 내용이 나온다. 이런 권면은 우리를 우울하게 하지 않는다. 오히려 우리가 삶의 모든 아름다움과 풍요로움, 덧없음 속에서 삶을 즐기고 기쁨을 누릴 수 있게 도와준다.

"신들이 인간을 창조했을 때, 신들은 인간을 죽는 존재로 정하고, 〔영원한〕 삶은 자신들의 것으로 취했다. 그러므로 길가메시여, 그대는 먹고 마시고, 몸을 채우고, 밤낮으로 그저 기뻐하라! 매일을 기쁨의 축제로 만들라! 수금과 피리를 연주하고, 춤추며 밤낮으로 기뻐하라! (…) 그대의 손을 잡는 자녀들을 즐겁게 볼지어다! 아내의 품을 즐거워하라!"[18]

지혜로운 사람들은 무상을 우울하게 인식하지 않았다. 세네카가 말했듯, "무자비한 삶의 충동"으로부터 벗어나는 일종의 해방으로 여겼다. 삶에 끝이 있다는 사실은 삶이 주는 즐거움을 좀처럼 흐리지 않는다. 오히려 우리가 좀 더 수월하게 살아갈 수 있도록, 사심 없이 삶을 즐길 수 있도록 돕는다.

세네카는 그의 비극 중 하나에서 죽을 수 있는 능력, 죽음을 견디는 능력을 변덕스러운 운명의 속박에서 해방되는 것과 동일하게 본다. 만물이 덧없다는 사실을 알면, 외적인 행복이나 재물에 얽매이고 집착하는 데에서 벗어날 수 있다. 심지어 자신의 삶에 대한 애착, 즉 본능적인 생의 충동에서도 상대적으로 자유로워진다. 세네카에 따르면, 이런 상태가 되면 걱정, 두려움, 시기, 탐욕, 적대감과 같은 수많은 악에서 해방될 수 있다. 이런 악은 자신의 유한을 의식하지 못하는 무절제한 삶의 충동과 과시욕에서 생겨나는 경우가 많다.

> 변덕스러운 신들의 속박[운명]을
>
> 자랑스럽게 경멸하는 자.
>
> 아케론(그리스 신화 속 죽은 사람을 저승으로 인도하는 강-옮긴이)을,
>
> 스틱스(그리스 신화에 나오는 증오의 강-옮긴이)를
>
> 슬픔 없이 바라보고 감히 인생의 목표를 세우는 자.
>
> 그는 왕처럼 될 것이요, 신들과 동일할 것이라.
>
> 오, 죽을 수 없다는 것은 얼마나 비참한 일인가! (…)
>
> 그대, 살고자 하는 그 무자비한 열망은
>
> 인간들에게 얼마나 유혹적인 불행이 되었는가![19]

세네카는 자신의 삶이 언젠가 끝날 것이라고 의식하는 태도는 삶에 목표와 의미를 부여할 수 있게 해준다고 보았다. 적지 않은 사람들이 자신이 하는 일에서 의미를 찾지 못해 고통스러워하기 때문에

이는 매우 중요한 인식이다. 신경학자이자 신경정신과 의사 빅터 프랭클은 많은 심리 질환의 원인을, 사람들이 삶의 의미나 가치를 찾지 못하기 때문이라고 보고, 이른바 로고테라피logotherapy라는 실존적 심리치료 기법을 창시했다. 여기에는 유대인이라는 이유로 나치 강제 수용소에 끌려가 비참하게 지내면서도 삶의 의미를 끝끝내 찾고자 했던 프랭클 자신의 경험이 녹아들어 있다.

자아를 실현하기 위한 시간이 길지 않음을 알면, 바로 지금 여기에서 자아를 실현해야 한다는 건강한 압박감이 생긴다. "그러므로 죽음이 우리에게 아무런 해도 가하지 못한다는 통찰은, 무한히 이어지지 않는 유한한 인생을 즐길 수 있게 한다." 에피쿠로스는 이렇게 말했다.[20]

자주 강조했듯, 행복의 근원은 우리 자신 안에 있다. 모든 것이 덧없음을 인식하면 외적인 것에 휘둘리지 않고 내면의 행복을 누릴 수 있다. 《우파니샤드》에 등장하는 한 브라만 수행자는 의인화된 죽음이 세속의 재물로 그를 유혹하며 진리 추구의 길에 훼방을 놓자, 이렇게 말한다. "사람은 재물로 행복해질 수 없다. 죽음 당신의 눈을 들여다본 사람 중 누가 재물에 현혹되었는가?"[21] 인도의 철학자 샹카라는 육체적 생명을 포함한 외부의 것에 대한 집착과 인도의 영적 표상에서 불멸의 존재와 동일시되는 자아 사이의 갈등을 이렇게 표현한다.

"민족, 집안, 이름, 외모, 사회적 지위와 자기 자신을 더 이상 동일시하지 말라. 이것들은 육체에 속한 것, 덧없는 옷일 뿐이다. (…) 영원한 기쁨은 바로 그대 자신임을 알라."[22] 고대 그리스의 철학자 시노페의 디오게네스도 이와 비슷한 생각을 표명했고 스토아학파도 그런 견해를 좇았다.

"안티스테네스[디오게네스의 스승이자 소크라테스의 제자]가 내게 자유를 준 이래로, 나는 더 이상 노예가 아니다. (…) 안티스테네스는 내 것인 것과 내 것이 아닌 것의 차이를 가르쳐주었다. 가족, 친척, 친구, 명성, 특정 장소에 머무르는 것, 이 모든 것이 나와는 아무 상관이 없다는 것을 가르쳐주었다."[23]

삶의 무상을 깨달아 느끼는 멜랑콜리는 행복의 자양분이 된다

여러 시간 걸으며 일상적이고 자질구레한 일들로부터 거리를 두면, 우리 주변의 영속적인 것을 느끼고 경험할 수 있다. 이런 영적 경험을 통해 영원히 변하지 않는 자신의 중심에, 자아의 핵심에 다가갈 수 있다. 우리는 덧없는 실존을 초월해 살아 있음을 그 자체로 생생하게 느낀다. 이런 경험은 "영원한 기쁨"을 샘솟게 한다. 우리는 자연 속을 걸어 다니며 생명과 변화, 무상과 죽음을 깊이 예감하는 가운데 이런 행복을 맛볼 수 있다. 일본의 승려이자 문학가인 요시다 겐코가 다음과 같이 표현한 문장의 뜻을 본능적으로 파악할 수 있을 것이다.

"아다시 들판 묘지의 풀잎 끝 이슬처럼, 도리베산 화장터를 덮은 연기처럼 덧없이 사라지지 않고 영원히 산다면, 어찌 멜랑콜리를 이해할 수 있겠는가. 이 세상은 무상하기 때문에 살 만한 가치가 있는 것이다."

예부터 동양의 문학이나 회화 작품에서는 자연에 은거하는 인간의 모습이 서양의 예술작품에 비해 잘 드러나 있다. 옛 동양화를 떠올려보라. 꽤나 자세히 들여다봐야, 압도적인 자연 경관 한편에 아주 작게 그려진 인간이나 집을 발견할 수 있다. 또한 그림 속 인물은 종종 영락없는 방랑자의 모습으로 그려져 있다. 동양의 현인 중에는 세속을 등지고 고요한 자연으로 물러나 모든 존재의 근원과 합일을 이루려고 했던 사람들이 많다.

물론 서양인들도 한적한 곳에 은둔하며 마음의 평화를 이룰 수 있기를 갈망해왔다. 자연 속을 걸어 다니면서 덧없음과 죽음, 영원에 대한 경험을 하면 이런 동경이 커진다. 괴테는 "소도시의 소란, 사람들의 불평, 욕망, 가망 없는 혼란에서 벗어나기 위해서"[24] 독일 일메나우 근처 키켈한산의 한 산장에 8일 동안 머물렀다. 거기 있으면서 그는 저 유명한 시 〈방랑자의 밤 노래 Wanderers Nachtlied〉를 산장의 나무 벽에 새겼다.

모든 봉우리 위로

안식이 깃들고,

모든 우듬지 위로

실바람 한 오라기

불지 않는구나.

숲속의 새들마저도 쥐죽은 듯 고요하니.

기다려라! 머지않아

그대도 쉬게 되리라.

이로부터 50년 뒤, 죽음을 앞둔 괴테는 다시 한 번 이곳에 와서 옛일을 추억했다. 그는 자신이 적어놓은 불멸의 시구를 음미하며 눈물을 흘렸다. 그때 괴테와 함께했던 동행은 이렇게 말한다. "괴테는 아주 천천히 짙은 갈색 모직 양복에서 눈처럼 하얀 손수건을 꺼내서 눈물을 닦으며 부드럽고 우수에 찬 목소리로 이렇게 말했다. '그래, 기다려라! 그대도 머지않아 쉬게 되리라!' 그러고는 아무 말 없이 30분간을 창밖으로 보이는 짙은 가문비나무 숲에 시선을 주다가 내 쪽을 돌아보며 말했다. '이제 돌아갑시다!'"[25]

영원한 자연을 마주하여 자신이 유한한 존재임을 뼈저리게 느낄 때, 이런 우수가 밀려온다. 앞서 요시다 겐코의 글에 나오듯, 무상을 의식할 때 느끼는 "멜랑콜리"는 우리의 모든 부정적인 감정을 정화하고, 자연의 아름다움에 눈뜨게 하며, 심오한 기쁨으로 우리를 채운다.

괴테는《빌헬름 마이스터의 수업 시대》에서 하프 타는 노인으로 하여금 "눈물에 젖은 빵을 먹어보지 않은 사람은 (…) 천상의 힘이여, 그대를 알지 못하리" 하고 노래하게 한다. 깊은 실존적 경험에서 나오는 눈물은 해방감, 심지어 행복감을 선사한다. 멜랑콜리나 향수에 잠겨 있다 보면 종종 멜랑콜리에서 기쁨의 감정까지는 아주 지척임을 깨달을 때가 많다. 우리의 가장 깊은 동경은 결코 채워질 수 없는 것임을 느끼는 한편, 이 모든 것은 자연이 의도한 것이며 우리가 부단히 노력하는 삶을 살아갈 수 있게끔 하기에 우리에게도 좋은 것임을 알아차리게 되기 때문이다. 니체는 "그러나 모든 욕망은 영원하기를 원한다. 깊고 깊은 영원을"이라고 썼다.[26]

나도 도보 여행을 하다 오른 몇몇 봉우리 위에서 마음속 깊이 행복을 느끼며 눈물을 흘려본 적이 있다. 그야말로 순수한 정화의 경험이었다. 아리스토텔레스가 고대 그리스의 관객들이 비극을 보고 나서 카타르시스를 느낀다고 말했던 것과 비슷하게 말이다. 초인적인 힘에 내맡겨져 있는 듯한 느낌이라고 해야 할까. 도보 여행자는 산속에서 폭풍우를 만나거나 혹은 끝없이 펼쳐진 바다와 별이 빛나는 밤하늘을 바라보며 그와 비슷한 경험을 한다. 자연과의 일체감을 느낄 때면 아련한 우수와 애상적인 감정도 끼어든다. 멜랑콜리, 무상감, 행복감. 이것은 서로 아주 가까이 있으며, 때로는 서로간의 경계를 넘어 하나가 된다.

따라서 이런 애상적인 정서를 어둡거나 음울한 것이라고 지양할 필요는 없다. 일견 우리에게 별 도움이 되지 않는 듯 보이지만, 사실 이런 정서는 우리 삶의 자연스러운 일부다. 더 나아가 삶을 풍요롭게 하고, 더 깊고 지속적인 행복을 느끼게 하는 자양분이 된다. 이런 정서는 외부의 우연에 의해 촉발되는 순간적이고 덧없이 사그라드는 고양된 감정이 아니라, 조화롭고 합일된 마음에서 연유한다. 우리가 장시간 걷는 동안 행복감을 느끼는 이유는 소망하던 일이 이뤄지거나, 계획하던 일에 성공하는 등 어떤 일이 잘되어서가 아니다. 외적인 일들과는 상관이 없다. 우리는 자기의 중심 깊숙한 곳에 이르러 일상과 그와 관련된 모든 것을 잊어버릴 뿐이다. 그저 우리 안팎에서 침묵과 자연을 경험하면서. 중국의 어느 철학자가 말했듯이 우리는 "무 안에서 방랑하고 진리의 열매를 딴다."[27] 그런 순간에 자신과 모든 존재의 근원, 본질을 알아차린다. 우리는 자연과 합쳐져 하나가 된다.

앞서 《길가메시 서사시》가 넌지시 보여주듯이, 죽음은 삶의 경이로움에 우리를 열려 있게 하고, 삶이 주는 선물을 감사하며 누릴 수 있게 한다. 시노페의 디오게네스는 죽음을 관조하고 "죽음을 연습"하여 친숙해지는 것이 기쁨의 원천이며 유쾌한 삶을 살아가는 지혜라고 믿었다.

"〔그러나 일단〕 당신이 죽음을 연습하고 나면, 그 연습은 그대가 여기에서 그리로 '거처를 옮겨야' 할 때〔이승에서 저승으로 가야 할 때, 즉 죽어야 할 때〕 당신을 동반할 것이다. 그리하여 우선은 당신의 삶이 즐거워질 것이다. 〔육체적 욕망으로부터 해방되어〕 자유 속에서 살게 될 것이기 때문이다. 종으로서가 아니라 주체로서 살아가게 될 것이며, 곧 육체에 속한 모든 것을 떨쳐버리게 될 것이다. (…) 그러면 전체의 조화로 이어질 것이다. 그리하여 침묵하는 가운데, 신들이 게으르고 거친 삶을 경계하는 사람들을 위해 무엇을 준비해놓았는지 보게 될 것이다."[28]

디오게네스는 우리가 내적으로 자유로워져 더 이상 외부 사물이나 상황, 사람에게 집착하지 않을 때 기쁨이 찾아온다고 본다. 집착은 두려움, 걱정, 시기, 질투, 탐욕, 분노 같은 고통스러운 감정을 유발하기 때문에 종종 충분히 삶을 즐기지 못하게 한다. 우리가 외부의 것에 구속되지 않고, 내적으로 자족하며, 스스로에게서 기쁨을 길어내고, 내적 가치를 진정으로 가치 있는 것으로 여긴다면, 그리하여 비로소 욕망을 내려놓을 수 있다면 고통스러운 감정이 대체 어디에서 생겨나겠는가? 우리 안에서 더 이상 양분을 얻지 못하게 된 고통은, 더 이상 우리의 마음 상태에 별다른 영향을 미치지 못하게 될 것이다. 우리는 자기에게 없는 것, 또한 삶이 도로 앗아가버린 것에 크게 아쉬워하지 않고, 삶이 우리에게 선사하는 것에 만족하며 살아갈 것이다. 로마 철학자 에픽테토스는 다음과 같이 권했다.

"무엇보다 가장 중요한 것은, 그 무엇도 그것을 절대로 빼앗길 수 없다는 마음이 들 정도로 사랑해서는 안 된다는 것이다. 그러면 어떻게 해야 할까? 그릇이나 술잔에 대해서는 그것이 설령 깨졌을지라도 그 그릇의 본질〔덧없음〕을 떠올려보고는 침착해지지 않는가. 다른 것들을 사랑함도 그러하다. 아들, 동생, 친구에게 입맞춤할 때, 그 유쾌함에 온통 마음을 빼앗기지 말라."[29]

에픽테토스는 순간이 주는 기쁨과 행복에는 별로 비중을 두지 않았다. 오히려 반대로, 유한과 덧없음을 의식할 때, 기쁨과 행복을 더 강렬하게 경험할 수 있다고 여겼다.

무상을 깨달아 외적인 집착에서 벗어나는 것은 고대 인도, 특히 불교 철학의 핵심이기도 하다. 틱낫한은 이렇게 말했다. "무상을 깨달으면 욕망, 집착, 절망의 고통에 사로잡히지 않는다. 이런 깨달음을 바탕으로 삶에서 마주하는 모든 것을 바라봐야 한다."[30]

유한과 무상, 죽음을 생각하면 고통스러운 집착이 줄어든다. 뿐만 아니라, 자신의 힘과 능력에 부치는 일을 무리하게 도모하거나 스스로를 과도하게 몰아붙이거나 압박하는 일을 피하게 된다. 그리하여 소크라테스와 동시대를 살았던 데모크리토스는 "인간의 삶은 덧없고 짧다는 것을 기억해야 한다. (…) 그러니 너무 많이 소유하려고 애쓰지 말 것이며, 필요한 정도로만 수고해야 한다"[31]라고 말한다. 누구든 생활에 필요한 수고를 해야 할 것이다. 그러나 그것을 넘어서는 수고는, 그 수고가 즐겁고 그로 인한 구속이 너무 힘들지 않게 다가올 때만 해야 좋을 것이다. 이런 면에서 우리는 종종 중용을 지키는 데 실패하고, 세상일에 미혹된다. 특히 현대의 광고 메커니즘은 온갖 상품과 서비스를 반드시 소유하거나 경험해야만 행복하게 살 수 있다는 분위기를 풍기며 우리를 현혹한다. 걷는 일은 이런 사회 분위기에 휩쓸리지 않고 균형을 잡을 수 있게 도와준다. 광고의 홍수에서 적당한 거리를 두게 하고, 무분별한 소비 생활에서 스스로를 지킬 수 있는 힘을 준다.

삶을 긍정한다면 죽음도 긍정해야 한다

우리는 잘 사는 법만큼이나 잘 죽는 법도 배워야 한다. 고대 그리스인들은 이를 지혜의 본질이라고 보았으며,[32] 법가 사상을 대표하는 중국의 철학자 한비자는 이렇게 말하기도 했다.

"올바른 길, 즉 정도를 통해 만물이 본연의 모습을 취하고, 내적 질서, 즉 이理를 이룬다. 내적 질서는 만물을 정돈시키고, 이를 통해 만물은 모습을 갖춘다. 그래서 정도란 내적 질서를 형상화하는 것이다. (…) 이를 통해 만물의 내적 본질이 서로 합쳐지기에, 정도는 변화하면서 작용해야 한다. 그리고 정도는 변화하는 것이기에, 그 작용이 일정하지 않다. 그리하여 삶과 죽음의 힘은 정도에 근거한다. 모든 지식은 그에서 나오며, 모든 흥망성쇠가 그로부터 비롯된다. (…) 만물이 그로 말미암아 죽고, 그로 말미암아 살아난다. 모든 것이 그를 통해 소멸하고, 그를 통해 탄생한다."[33]

살아 있든 죽었든 우주 만물은 도의 형상화하는 힘 덕분에 존재한다. 그 힘이 만물의 기원이자 궁극적인 원인, 즉 우주의 원리다. 이 원리는 모든 것이 비롯되는 굉장히 창조적인 힘이다. 우주의 원리는 모든 사물을 계속 움직이게 하고, 변화시키며, 생성하고, 소멸하게 한다. 인간을 포함한 모든 생명이 그러하다. 삶과 죽음은 이 영원한 과정의 본질적인 구성요소다. 이 책의 〈들어가는 말〉에서 인용했던 플라톤의 말이 다시금 떠오르지 않는가. 플라톤은 "따라서 이런 삶을 선택한 사람들은 소멸과 생성을 선택하는 것"이라고 말했다.[34] 삶을 긍정하는 사람은 똑같이 단호하게 죽음도 긍정해야 할 것이다.

몇 년 전, 꽤 여러 날의 일정으로 혼자 도보 여행을 하면서 죽음과 무상에 깊이 천착했던 적이 있다. 이 장에 기술한 여러 생각과 인용들에 몰두하는 가운데, 지금까지의 내 50년 인생을 쭉 정리하며 보다 높은 시각에서 인생을 조감하고, 되돌아보았다. 다른 사람들은 물론 역사적으로 다른 시대의 삶의 조건들과 비교해보면서, 내 운명에 대해 불평할 이유가 없다는 결론에 이르렀다. 오히려 내게 주어진 모든 것에 깊은 감사를 느꼈고, 지금까지의 삶이 얼마나 풍요롭고 충만했는지를 뼛속들이 깨달았다. 일상적으로 흔히 겪는 어려움이나 우여곡절은 물론 있었지만, 내가 젊은 시절 가졌던 삶에 대한 본질적인 기대와 바람이 전부는 아니지만, 꽤 많이 이루어졌다. 그런 생각들을 하며 앞으로의 인생길에 더 이상 바랄 것이 없음을 깨달았다. 지금 당장 내 인생이 끝난다 해도 그다지 아쉬워할 이유가 없음을 스스로 인정했다. 내 삶의 모든 것에 감사하는 마음과 함께 절로 겸허한 태도가 생겨났다. 이 시점부터 매일매일을 또 다른 커다란 선물로 받아들이게 되었다.

그러고 나니 죽음이 두렵지 않았고, 그와 더불어 다른 두려움도 사라지거나 상당히 줄어들어서, 더 이상 불안에 시달리지 않게 되었다. 이후 늘 삶의 덧없음을 의식하면서 하루하루를 보내고 있다. 실제로 죽음이 닥쳤을 때 내가 정말 두려움 없이 마주할 수 있을까? 그러나 그건 아무래도 좋다. 더 중요한 사실은, 그때까지 두려움으로 인해 마음의 평안이 깨지지 않을 거라는 것이다.

그로부터 몇 년 뒤에, 심각하게 시험대에 섰던 적이 있다. 죽음이 내게 가까이 다가온 것이다. 그러나 정말 두렵지 않았다. 지혜를 깊이 내면화하면, 삶의 어려운 국면을 이겨내는 데에 실제로 도움이 된다는 사실을 깨닫고는 깊은 만족감을 느꼈다. 죽음은 목적을 이루지 못한 채 물러났다. 아마도 죽음은 자신을 두려워하지 않는 사람을 좋아하지 않는 듯하다. 데모크리토스는 이렇게 말했다. "죽음을 피하려는 사람은 죽음의 목구멍으로 달려드는 것이다."[35]

산책 노트

대자연 속을 걷다 보면 시공을 초월한 영원을 체험하게 된다. 이런 경험은 우리 삶이 참으로 덧없다는 사실과 함께 스스로가 유한하고 필멸하는 존재임을 깨닫게 해준다. 이런 인식을 직면하고, 자신의 죽음을 포함해 삶의 무상을 자연스럽게 받아들이면, 우리는 죽음에 대한 두려움을 넘어설 수 있다. 여기에 성공하면, 다른 많은 두려움에서도 자유로워진다. 유한과 무상, 죽음을 생각하면 집착이 줄어든다. 뿐만 아니라, 자신의 힘과 능력 안에서 무리하지 않고 살아갈 수 있게 한다. 삶에 끝이 있다는 사실은 삶이 주는 즐거움을 흐리지 않으며, 오히려 우리가 좀 더 사심 없이, 내면의 행복을 느끼며 삶을 누릴 수 있도록 한다.

14

다른 모든 존재를 사랑하는 길

나의 친절은 적도 내 추종자로 만들었다.

—고대 이집트

이 책의 마지막 주제는 지혜로운 사고의 가장 중요한 목표 중 하나인 더불어 살아가는 삶에 관한 것이다.

　지금까지 홀로 자연 속을 걸어 다니며 스스로의 삶을 숙고할 때 우리에게 일어나는 일들에 대해 수많은 이야기를 했다. 이제껏 다룬 걷기는 가장 철학적인 형태의 걷기라고 할 수 있다. 나 역시 주로 자연 속을 혼자 걸으면서 내면을 관조하는 시간을 갖는다. 그러나 대부분의 사람들은 배우자·가족·친구와 함께 산행을 하거나 삼삼오오 무리를 지어 하이킹이나 트레킹을 한다. 또한 이런 활동에서 느끼는 행복한 경험을 공유하고자 한다. 일상에서도 우리는 혼자 있기보다는 다른 사람들과 함께 보내는 시간이 더 많은데, 지혜로운 삶은 공동체 속에서 완성되기 때문에 이 또한 좋은 일이다. 아리스토텔레스 역시 신이나 동물만이 홀로 살 수 있다고 말하지 않았던가.[1] 반면 인간은 공동체 속에서 살며, 서로 공명하고, 다른 사람들을 통해 자신을 비춰보고 지각하며 성찰한다. 이것이 인간 삶의 기본 토대다. 사람은 서로 간의 관심과 애정, 인정을 필요로 하고 정서적 관계와 사랑을 토대로 살아간다.

이런 욕구는 가족이나 단체와 함께 걸을 때뿐만 아니라, 여러 가지 면에서 걷기를 통해 충족된다. 지금까지 이 책에서 이야기한 인격 성장이나 자기 도야는 자기중심적 발전을 의미하지 않는다. 진정으로 스스로를 탐구하다 보면, 다른 사람들과 함께 어울리고 싶은 마음이 자연스럽게 샘솟는다. 다른 사람과 연결되는 가운데 느낄 수 있는 안온감을 바라고, 사랑하고 사랑받고 싶은 마음이 절로 생겨난다.

신체적·정신적·영적 모든 면에서 사랑하고 사랑받고 싶어 하는 것은 함께 어울려 살고 싶어 하는 것과 마찬가지로 인격을 구성하는 중요한 요소 중 하나다. 《예기》에는 이렇게 나와 있다. "다른 사람을 사랑할 수 없는 자는 인격을 지니지 못한 자다. 자신의 인격을 지니지 못한 자는 자신의 자리에서 편안할 수 없다."[2] 고대의 현자들은 공동체 속에서 서로 더불어 살아갈 때만, 사랑을 주고받는 상호 관계 안에서만 자아실현이 가능하다고 보았다. 세네카는 "늘 자기만 생각하고, 모든 것에서 개인적인 유익만을 구하고자 한다면 어떻게 행복하게 살 수 있을까?"라고 질문하면서, "그대 자신을 위해 살려 하거든, 다른 사람을 위해 살아야 한다"라고 말했다.[3]

우리는 다른 사람들과 원만하고 화목하게 지내면서 배려와 사랑의 관계를 이어갈 때만 인격을 발달시키고 성장시킬 수 있다. 정서적 유대가 결여되면 외롭고, 정서적으로 위축되며, 삶의 기쁨과 활력을 잃어버린다. 이렇듯 개인의 행복과 공동체 안에서의 활동은 서로 떼려야 뗄 수 없기 때문에 고대인들은 개인 윤리와 사회 윤리를 같은 것으로 보았다. 자신의 정서를 잘 돌보면 자기가 속한 사회에도 긍정적 영향력을 발휘하게 된다. 반대로 사회적으로 원만한 인간관계는 진정한 자아실현과 개인적 행복을 위한 필수적 요소이자 전제 조건이다.

따라서 공자는 인, 즉 남을 사랑하고 어질게 행동하는 것을 모든 인격 수양과 지혜의 최고 가치이자 목표로 여겼다. 이에 대해서는 공자와 제자 번지의 대화에 잘 드러나 있다. 번지가 스승인 공자께 물었다. "인이란 무엇입니까?" 공자는 "사람을 사랑하는 것이다"라고 대답했다. 이어 번지가 "그러면 앎이란 무엇입니까?"라고 묻자, 공자는 "그것은 사람을 아는 것이다"라고 대답했다.[4] 공자를 이어 인의 정신을 강조한 맹자는 좀 더 자세히 설명한다. "현명한 사람은 자신의 본성을 사랑, 의무, 질서, 지혜로 본다. 이런 것들은 그의 마음에 뿌리를 둔다. 이것들은 겉으로는 온화한 표정으로 나타나며, 뒤에서 보아도 느껴지는 품위와 모든 동작에서 드러난다."[5] 일상에서 사랑, 인정, 지혜를 실천할 때 비로소 우리는 자신의 본성을 실현하고, 자신의 중심에 이르러 진정성을 갖게 되며, 평온과 만족감을 누릴 수 있다. 이런 마음 상태는 깊고 지속적인 기쁨과 행복이 싹트는 비옥한 토양과도 같다.

그리하여 고대의 현자들은 다양한 방식의 걷기를 통해 촉진되는 자기 도야가 평화롭고 성공적인 공동체 생활의 왕도가 되어준다고 보았다. 자기 도야를 이룬 사람은 가정생활에서든, 이웃과 어울리는 일에서든, 직장 생활에서든, 사업 관계에서든, 아주 작은 규모의 동호회 활동에서든 무리 없이 지낼 수 있다. 모든 성공적인 사회생활의 토대이자 기초는 바로 자기 자신의 인격이다. 우리는 항상 나 자신으로부터 시작해야 한다. 마음에 평화가 깃들면, 자기가 몸담은 공동체에도 유익한 영향을 미친다. 때로는 그 영향이 쉽게 눈에 띄지 않는다 해도 아예 영향이 없지는 않다. 우리가 스스로를 이해하고 사랑하면, 다른 사람도 이해하고 사랑할 수 있다. 우리가 자신의 정서를 잘 돌보고 가꾸면, 다른 사람에게도 더 큰 배려와 관심을 줄 수 있다. 공자는 이렇게 말한다. "어진 사람은 자기가 굳게 서고자 하면 다른 사람도 굳게 세우도록 돕고, 자기가 뜻을 이루고자 하면 다른 사람도 뜻을 이루도록 돕는다. 스스로에게서 깨달은 바에 빗대어 남을 이해하는 것 역시 인을 행하는 방법이다."[6]

자신에 "빗대어" 다른 사람을 이해하는 것은 그 사람의 처지가 되어 생각하는 것을 말한다. 만약 자신이 다른 사람이 처한 상황이 된다면 그때 기분이 어떨지를 상상하는 것이다. 자신과 자기의 정서를 더 잘 이해할수록, 역설적으로 주변 사람들도 더 잘 이해할 수 있을 것이다. 이렇듯 깊은 자기 이해는 다른 사람을 이해하기 위한 최상의 전제 조건이다.

상대방이 우리의 진심 어린 이해와 관심을 느끼면 그는 스스로 마음을 열 준비가 되고, 우리의 감정에 응답할 준비가 된다. 이것은 우리 뇌 속의 거울 뉴런(다른 사람의 행동을 거울처럼 반영하는 신경 네트워크-옮긴이)의 작용이기도 하다. 다른 사람에 대한 따뜻한 이해는 그에게 다가가는 다리가 되어준다. 《예기》에는 이렇게 쓰여 있다. "사람은 자신의 인격을 통해 다른 사람들을 얻는다."[7] 고대 그리스인들은 말한다. "사랑을 받으려거든 사랑하라!"[8] 이를 바꿔 말하면, "사랑을 베풀지 않는 사람은 누구에게도 사랑을 발견하지 못할 것이다"라고 할 수 있을 것이다.[9]

자신의 중심에 이를수록 더 평온하고 균형 잡힌 사람이 되며, 나아가 주변 사람들에게 더욱더 우호적인 사람이 될 수 있다. 우리는 온유하고 관대해지며 기꺼이 마음을 열고 다른 사람에게 공감할 수 있게 된다. 우리의 내적 평온은 다른 사람에게도 옮겨가 위안과 위로를 준다. 이것이 바로 안정감 있는 인격이 갖는 카리스마다. 이런 인격은 모난 데 없이 둥글둥글하고, 일관성 있으며, 지혜와 균형으로 빛난다.

인격 발달과 성공적인 사회 생활의 상호 작용을 적절하게 표현한 중국의 지혜서가 있다. 바로 원래 《예기》의 한 편이었던 《대학》으로, 핵심 문장의 내용은 이러하다.

"옛날에 천하에서 밝은 덕을 더 밝게 하고자 했던 사람은 우선 나라를 다스렸다. 나라를 다스리기 위해 이들은 먼저 집안을 가지런히 했다. 집안을 가지런히 하기 위해 먼저 그들은 자신의 인격을 닦았으며, 인격을 닦기 위해 먼저 마음을 올바로 했다. 그리고 마음을 올바로 하기 위해 그들은 먼저 그의 뜻을 성실하게 했다. 그리고 그 뜻을 성실히 하기 위해 그들은 앎을 완성하고자 했다. 지고의 앎의 본질은 앎이 현실에 영향을 미치는 것에 있다.

앎이 현실에 영향을 미치면 비로소 앎은 절정에 이르고, 앎이 절정에 이르면 비로소 뜻이 성실해진다. 뜻이 성실해질 때 비로소 마음이 올발라진다. 마음이 올발라질 때 비로소 인격이 닦인다. 인격이 닦일 때 비로소 집안이 가지런해진다. 집안이 가지런해질 때 비로소 나라가 다스려진다. 나라가 다스려질 때 비로소 천하가 평안해진다."[10]

모든 변화는 자기 자신으로부터 시작해야 한다. 변화는 자기 인식에서 출발하여 인격을 계속 발전시키고, 부정적인 감정이나 성격 특성을 정화하며, 새로운 사고, 의지, 행동 습관을 형성해나감으로써 지속된다. 또한 마음의 힘들이 조화를 이루게 하고, 오래도록 추구할 만한 가치와 태도를 내면화할 때 완성된다. 그러면 자연스럽게 주체적이고, 평정심이 있으며, 지혜롭고 균형 잡힌 사람이 될 수 있을 것이다. 이런 사람의 명랑하고 밝은 기운은 주변 사람들과 공동체에 지속적으로 영향을 미친다. 그저 그 존재 자체로 살아가는 모습을 보여주는 것만으로 말이다. 자기 자신 안에서 선을 이룬 사람은 선한 일을 행한다. 스스로를 행복하게 하는 사람은 다른 사람도 행복하게 한다. 자신에게 이르는 길을 찾는 사람은 다른 사람도 그 길을 찾도록 돕는다. 이런 방식으로 자신의 삶을 살아가는 사람은 다른 사람도 그렇게 살아가게끔 자연스러운 영향을 미친다.

대자연 속에서 자연과 하나가 되는 걷기는 우리를 더 선하고, 더 온화하고, 더 인간적이며, 더 공감하는 사람으로 만들어준다. 자기 자신과 다른 사람 모두가 더욱더 좋은 사람으로 살 수 있는 길을 열어준다. 괴테는 "친구여, 우리보다 더 나아지고 싶다면 길을 떠나게"라고 했다.[11] 걷는 일은 우리의 공감 능력을 길러주는 학교이기도 하다. 걷기로써 우리는 본연의 자기다운 모습으로 성숙해지며, 우리 안에 깊이 내재된 본성을 실현한다. 바로 인간을 사랑하는 일 말이다. 그리하여 우리는 우리 안에 있는 좋은 것을 다른 사람과도 공유할 수 있다. 무엇보다도 본연의 자기다운 모습으로 살도록 고무할 수 있다. 그리스 비극 작가 소포클레스의 다음과 같은 구절도 그런 의미이리라.

사람은 사람이 될 것이라.
그는 사람의 모태인
경건한 땅과 더불어 믿음직스럽게
영원한 언약을 맺었다.[12]

산책 노트

마지막으로, 지혜의 가장 중요한 목표 중 하나인 더불어 살아가는 삶에 대해 이야기해보았다. 내적 사색은 도보 여행의 중요한 요소이기는 하다. 그러나 대부분의 사람들은 가족, 친구 또는 무리를 지어 함께 걷는다. 잊어서는 안 되는 사실은, 우리는 일상생활에서도 혼자보다는 다른 사람들과 더 많은 시간을 보낸다는 점이다. 지혜는 더불어 사는 삶 속에서 완성된다. 인간은 혼자 살 수 없으며, 타인을 알아가고 타인과 공명하며 사는 존재다. 대인관계에서는 이해와 따스한 온기가 필요하다. 무엇보다 인간에게 가장 중요한 정서적 요소는 바로 사랑이다. 인간에 대한 사랑은 삶에서 필수적이다.

철학자의 걷기 수업

나가는 말
새로운 지평이 열리는 곳에 설 수 있기를

우리는 해냈다! 고대의 지혜와 함께하는 철학 여행을 무사히 마쳤다. 때때로 정말 힘들었을 것이지만, 신들은 그 무엇도 공짜로 주지는 않는다는 사실을 여러분은 이미 알고 있었을 것이다. 아름다운 산을 올랐을 때처럼 뿌듯한 여행이었기를 바라며, 이 책을 통해 깨달음을 얻고, 시야가 탁 트이고, 새로운 지평이 열리는 그런 곳에 설 수 있게 되었기를 바라 마지않는다.

이 책이 걷기를 즐기지 않는 몇몇 사람들에게는 걸음을 떼어볼 만한 마음을 동하게 하고, 스스로 철학과 거리가 멀다고 생각했던 사람들에게는 철학적 사고와 친숙해지는 계기를 마련해주었을지도 모른다. 부디 그랬기를 바란다.

우리는 동서양의 수많은 지혜로운 방랑자들을 만났고, 그들과 대화를 했다. 그들의 생각을 듣고, 우리의 삶에 대해 이야기를 나누었다. 언젠가 여러분이 긴 시간 산책을 하거나 산길을 트레킹하는 중에 이 책에서 내면화한 이런저런 지혜들을 떠올릴 수 있으면 좋겠다. 그리고 이런 지혜들이 삶에 대해 혹은 멋진 세상에 대해 자신과 나누는 내적 대화에서 활기를 불어넣어줄 수 있다면 참 좋겠다. 그러면 걷기에서, 삶에서 더 많은 기쁨을 누릴 수 있게 될 것이다.

자, 이제 나는 여러분과 작별하고 내 길을 가도록 하겠다. 여러분의 앞길에 많은 행복과 충만함이 있기를.

태양아, 내 가슴을 환히 비추어다오.
바람아, 내 걱정과 근심을 날려다오!
이 지상에서 나, 멀리 여행하는 것보다
더 깊은 희열을 알지 못하네.

— 헤르만 헤세

이 책에 나오는 인물과 도서

가이바라 에키켄貝原益軒 1630~1714. 일본 에도 시대의 식물학자이자 유학자

가이우스 무소니우스 루푸스Gaius Musonius Rufus 30~100. 고대 로마의 스토아학파 철학자로, 스토아 철학자 에픽테토스의 스승

공자孔子 B.C.551~B.C.479. 중국 춘추 시대의 사상가로, 인을 강조한 유가 사상을 설파했다.

괴테Johann Wolfgang von Goethe 1749~1832. 독일의 시인·소설가·극작가. 주로 자기 체험을 바탕으로 한 고백과 참회의 작품을 썼다.

구카이空海 774~835. 일본 헤이안 시대의 승려로, 몸과 마음의 합일을 강조한 진언종을 일으켰다.

노자老子 생몰년 미상이나, 중국 춘추 시대의 사상가로 알려져 있다. 무위자연으로 대표되는 도가 사상을 설파했다.

니체Friedrich Wilhelm Nietzsche 1844~1900. 독일의 철학자이자 시인으로, 실존 철학의 선구자 격이라 할 수 있다.

데모크리토스Democritos B.C.460?~B.C.370?. 고대 그리스의 철학자로, 원자론을 주장했다.

루소Jean Jacques Rousseau 1712~1778. 프랑스의 사상가이자 작가. 감성을 중시하는 낭만주의의 기초를 닦았으며, 문명사회의 타락을 비판하고 자연으로 돌아갈 것을 주창했다.

루크레티우스Titus Lucretius Carus 생몰년 미상. 고대 로마의 시인이자 철학자

마르쿠스 아우렐리우스Marcus Aurelius 121~180. 고대 로마의 황제이자 후기 스토아

학파 철학자

맹자^{孟子} B.C.372~B.C.289. 중국 전국 시대의 사상가. 공자의 인 사상을 발전시켜 사람의 본성은 선천적으로 선하다고 본 성선설을 주장했다.

메가라의 스틸포^{Stilpo of Megara} B.C.360~B.C.280. 고대 그리스의 메가라학파 철학자. 메가라학파는 소크라테스의 제자였던 메가라의 에우클리데스가 세운 학파로, 오직 선만이 존재한다는 주장을 견지했다.

몽테뉴^{Michel Eyquem de Montaigne} 1533~1592. 프랑스의 사상가로, 도덕주의의 대표자

부처^{Buddha} B.C. 563?~B.C.483?. '석가모니'의 다른 이름. 불교를 창시한 세계 4대 성인 중 한 사람

샹카라^{Śaṅkara} 700~750. 인도의 철학자로, 브라만교 성전인 《베다》를 학습한 후 '브라만과 아트만이 하나'임을 강조한 불이일원론을 주장했다.

세네카^{Lucius Annaeus Seneca} B.C.4?~A.D.65. 고대 로마의 후기 스토아학파 철학자

소크라테스^{Socrates} B.C.470?~B.C.399. 고대 그리스의 철학자. 문답을 통해 상대방의 무지를 깨닫게 함으로써 사물에 대한 올바른 개념에 도달하게 하는 진리 탐구 방법인 산파술로 잘 알려져 있다.

소포클레스^{Sophocles} B.C.496?~B.C.406. 고대 그리스의 비극시인

솔론^{Solon} B.C.640?~B.C.560?. 고대 그리스의 정치가이자 시인. 그리스 7현인 중 한 사람

쇼펜하우어^{Arthur Schopenhauer} 1788~1860. 독일의 철학자로, 염세관을 사상의 기조로 삼았다.

순자^{荀子} B.C.298?~B.C.238?. 중국 전국 시대의 사상가. 사람의 본성은 이기적이고 악하므로 선한 행위는 후천적 습득에 의해서만 가능하다고 보는 성악설을 제창했다.

시노페의 디오게네스^{Diogenes of Sinope} B.C.412?~B.C.323?. 고대 그리스 견유학파 철학자로, 행복하려면 가난하더라도 부끄러움이 없는 자족이 필요하다고 주장했다.

아르킬로코스^{Archilochos} B.C.675?~B.C.635?. 고대 그리스의 시인

아리스토텔레스^{Aristoteles} B.C.384~B.C.322. 고대 그리스의 철학자. 철학뿐만 아니

라 고대의 학문 전반에 걸쳐 큰 영향을 미쳤으며, 중세의 스콜라 철학 등 후대의 학문에도 영향을 주었다.

아우구스티누스Aurelius Augustinus 354~430. 고대 로마의 주교이자 철학자로, 자신의 생활을 반성하며 신의 은혜를 찬미한 《고백록》을 썼다.

아이스킬로스Aeschylos B.C.525~B.C.456. 고대 그리스의 비극시인

야마가 소코山鹿素行 1622~1685. 일본 에도 시대의 병학자이자 유학자

에우리피데스Euripides B.C.484?~B.C.406?. 고대 그리스의 비극시인

에피쿠로스Epicouros B.C.341~B.C.270. 고대 그리스의 철학자로, 간소한 생활 속에서 정신적 쾌락을 추구한 에피쿠로스학파를 창시했다.

에픽테토스Epiktētos 55?~135?. 고대 로마의 스토아 철학자. 노예 출신이며, 마르쿠스 아우렐리우스에게 지대한 영향을 주었다.

열자列子 생몰년 미상으로, 중국 전국 시대의 사상가로 알려져 있으나, 허구의 인물일 가능성도 높다. 도가 경전인 《열자》를 제자들과 함께 썼다고도 전해진다.

요시다 겐코吉田兼好 1283~1350. 일본 가마쿠라 시대부터 요시노조 시대까지 활동한 시인이자 승려

융Carl Gustav Jung 1875~1961. 스위스의 정신의학자·심리학자로, 프로이트의 정신 분석학에 영향을 받아 분석 심리학의 기초를 세웠다.

장자莊子 B.C.365?~B.C.270?. 중국 전국 시대의 사상가로, 노자를 계승해 도가 사상을 주장했으며, 《장자》를 저술했다.

크라테스Krates ho Thebai ca B.C.365?~B.C.285?. 고대 그리스의 철학자로, 명예나 부를 멀리하고 자연과 일체된 삶을 강조했던 키니코스학파의 대표다.

크리시포스Chrysippos 생몰년 미상. 고대 그리스의 초기 스토아학파 철학자

키르케고르Søren Aabye Kierkegaard 1813~1855. 덴마크의 철학자로, 실존의 문제에 천착해 실존 철학에 큰 영향을 미쳤다.

키케로Marcus Tullius Cicero B.C.106~B.C.43. 고대 로마의 정치가·학자·작가

키티온의 제논 Zenon of Citium B.C.335?~B.C.263?. 고대 그리스의 철학자로, 스토아학파를 창시했다.

테오그니스Theognis 생몰년 미상. 고대 그리스의 시인

틱낫한^{Thich Nhất Hạnh} 1926∼2022. 베트남 출신의 불교 승려

파탄잘리^{Patañjali} 생몰년 미상. 고대 인도의 사상가로, 요가와 명상을 중시하는 인도의 철학 학파인 요가학파를 체계화했다. 요가학파의 경전인 《요가수트라》를 편찬했다고 알려져 있다.

페트라르카^{Francesco Petrarca} 1304∼1374. 이탈리아의 시인이자 학자로, 초기 인문주의자의 한 사람

포세이도니오스^{Poseidonios} B.C.135∼B.C.51. 고대 그리스의 스토아학파 철학자이자 정치학자 · 천문학자 · 역사가 · 지리학자

프리에네의 비아스^{Bias of Priene} B.C.620∼B.C.550. 고대 그리스 7현인 중 한 사람

프타호테프^{Ptahhotep} 이집트 제5왕조(B.C.2498∼B.C.2345) 시기의 고관으로, 파피루스에 《프타호테프의 잠언》을 저술했다고 알려져 있으나, 그의 후손이 편찬했다는 설도 있다.

플라톤^{Platon} B.C.428?∼B.C.347?. 고대 그리스의 철학자로, 소크라테스의 제자이자 아리스토텔레스의 스승이다. 그가 주장한 이데아론, 국가론 등은 고대 서양 철학의 최고봉으로 평가받는다.

플루타르코스^{Ploutarchos} 46?∼120?. 고대 로마의 그리스 출신 철학자

핀다로스^{Pindaros} B.C.518∼B.C.438. 고대 그리스의 서정시인

하이데거^{Martin Heidegger} 1889∼1976. 독일의 철학자로, 인간의 주체적 존재성을 강조한 철학인 실존주의의 대표자다.

한비자^{韓非子} B.C.280?∼B.C.233. 중국 전국 시대 법가 사상가인 '한비'를 일컬으면서, 그가 지은 저서명을 가리키기도 한다.

헤라클레이토스^{Heracleitos} B.C.540?∼B.C.480?. 고대 그리스의 철학자로, 소크라테스 이전 시기의 주요 철학자로 꼽힌다. 만물의 근원은 불이며, 모든 것은 생멸하며 변화하는 것이라고 역설했다.

헤로도토스^{Herodotos} B.C.484?∼B.C.430?. 고대 그리스의 역사가로, 《역사》를 저술했다.

헤시오도스^{Hesiodos} 생몰년 미상. 고대 그리스의 시인으로, 영웅 서사시에 뛰어났다.

호라티우스^{Horatius} B.C.65∼B.C.8. 고대 로마의 시인

호메로스^{Homeros} 생몰년 미상. 고대 그리스의 시인으로, 장편 서사시 《일리아스》, 《오디세이아》를 저술했다.

후흐^{Ricarda Huch} 1864~1947. 독일의 작가로, 신낭만주의 운동의 선구자

《길가메시 서사시^{Gilgamesh}》 기원전 2000년경 고대 바빌로니아의 서사시로, 영웅 길가메시의 모험담을 엮었다.

《논어論語》 유교 경전으로, 공자와 제자들의 언행을 엮었다.

《담마파다^{Dhammapada}》 인도의 승려 다르마트라타가 부처의 금언을 편찬한 경전으로, '법구경法句經'이라는 이름으로 잘 알려져 있다.

《도덕경道德經》 중국의 춘추 전국 시대 도가서로, 우주 간에 존재하는 원리와 법칙을 도道로 보았다.

《만요슈萬葉集》 8세기 오토모노 야카모치가 편찬한 일본에서 가장 오래된 가집

《바가바드기타^{Bhagavadgītā}》 고대 힌두교의 경전으로, '거룩한 신의 노래'라는 뜻이다.

《역경易經》 유학 경서로, 만물을 음과 양 이원으로 설명하며, 그에 따라 64괘를 만들어 철학·윤리·정치상의 해석을 덧붙인다. '주역'이라고도 부른다.

《열자列子》 중국 도가 경전으로, 열자와 그의 제자들이 썼다고 전해지나, 그 출처는 불분명하다.

《예기禮記》 유학 경서로, 음악·정치·학문에 걸쳐 예의 근본정신에 대해 서술했다.

《오디세이아^{Odysseia}》 호메로스가 기원전 8세기에 지은 고대 그리스의 장편 서사시. 트로이 원정에 성공한 영웅 오디세우스가 겪은 모험과 이타카섬에 귀환하기까지의 여정을 그렸다.

《요가수트라^{Yoga-sūtra}》 인도 요가학파의 근본 경전

《우파니샤드^{Upaniṣad}》 고대 힌두교의 철학 사상을 나타내는 성전. 사람·신·우주의 이치를 밝힌 내용으로, 인도의 철학 및 종교 사상의 원천을 이룬다.

《일리아스^{Ilias}》 현존하는 고대 그리스 문학 중 가장 오래된 서사시로, 8세기 무렵 호메로스가 지었다고 전해진다. 그리스군의 트로이 공격 중 마지막 해에 일어났던 사건을 노래했다.

《장자莊子》 장자가 지은 사상서로, 사람의 지혜와 한계를 밝히고, 모든 것을 있는 그대로 받아들이는 데에 진정한 자유가 있다는 내용을 담고 있다.

주

들어가는 말

1   Ricarda Huch, *Untergang des Römischen Reiches Deutscher Nation*, Frankfurt am Main, 1954, 218쪽.

2   Lucius Annaeus Seneca, *Philosophische Schriften*, Wiesbaden, 2004, III, 92, Brief 24.

3   Platon, *Philebos*, 55.

4   Zweite Pythische Ode, 72. 다음에서 재인용 Bruno Snell, *Die Entdeckung des Geistes, Studien zur Entstehung des europäischen Denkens bei den Griechen*, 2. Auflage, Hamburg, 1948, 151쪽.

5   Ernst Schwarz, *So sprach der Weise, Chinesisches Gedanken-gut aus drei Jahrtausenden*, Berlin, 1981, 296쪽.

6   Li Gi, *Das Buch der Riten, Sitten und Gebräuche*, Richard Wilhelm 번역, Köln, 2007, 55쪽 이하.

7   Hesiod, *Werke und Tage*, Wiesbaden, 1947, 292쪽 이하. 다음에서 재인용 Marion Giebel, *Antike Weisheit*, Stuttgart, 1995, 24쪽.

8   Aus einem Brief an Karoline von Günderrode. 다음에서 재인용 Ulrich Growe, *Das Briefleben Bettine von Arnims – Vom Musenanruf zur Selbstreflexion*, Würzburg, 2003, 48쪽.

1. 산책 길, 삶의 길, 생각의 길

1   *Upanischaden*, Müchen, 2008, 414쪽. (*Maitri-Up*, VI.34.3)

2   Friedrich Nietzsche, *Werke in drei Bäden*, II, Müchen, 1973, 1084 이하. (Ecce homo, Kap. Warum ich so klug bin)

3   Will Durant, *Kulturgeschichte der Menschheit*, 25권, 1, 396.

4   Lehre des Papyrus Chester Beatty, IV, aufgeschrieben zur Ramessidenzeit (13.–12. Jh. v. Chr.), Hellmut Brunner, *Die Weisheitsbücher der Ägypter. Lehren für das Leben*, Düsseldorf/Zürich, 1991, 229쪽.

5   François Cheng, *Fünf Meditationen über die Schönheit*, München, 2008, 41쪽, 80쪽 이하 및 140쪽.

6   Thich Nhat Hanh, *Das Herz von Buddhas Lehre: Leiden verwandeln-die Praxis des glücklichen Lebens*, Freiburg i.Br. 1999, 55쪽 이하.

7   Volker Zotz, *Geschichte der buddhistischen Philosophie*, Hamburg, 1996, 121쪽.

8   Dōgen Zenji, in: Lydia Brüll, *Japanische Weisheit*, Stuttgart, 1999, 236쪽.

9   Hesiod, *Werke und Tage*, Wiesbaden, 1947, 289쪽 이하.

10   〈마태복음〉 7,13 이하, 〈요한복음〉 14,6.

11   Anselm Grün, *Auf dem Wege. Zu einer Theologie des Wanderns*, Münster-schwarzach, 1983, 33쪽.

12   위의 책, 36쪽.

13   Joachim Ritter, *Historisches Wörterbuch der Philosophie*, Darmstadt, 1971, Artikel "Weg". (Sam. 24,20)

14   Neumann, *Kulturentwicklung und Religion*, Zürich, 1953, 59쪽 이하.

15   Lydia Brüll, *Japanische Weisheit*, Stuttgart, 1999, 16쪽 이하.

16   Miyamoto Musashi, *Das Buch der fünf Ringe*, Düsseldorf, 1983, 135쪽.

17   《창세기》 12장 1절 4절.

18   위의 책, 20쪽.

19   Martin Heidegger, *Wegmarken*, Frankfurt am Main, 1978, 311쪽.

20   Gisbert Greshake, Gehen. *Wege – Umwege – Kreuzwege*, Stuttgart, 2016,

32쪽. 다음을 참조하라. Friedrich Nietzsche, *Werke in drei Bäden*, II, Müchen, 1973, 662. (Jenseits von Gut und Böse)

21 다음에서 인용 Bruno Snell, *Die Entdeckung des Geistes, Studien zur Entstehung des europäischen Denkens bei den Griechen*, 2. Auflage, Hamburg, 1948, 151쪽 (Zweite Pythische Ode, 72). Wolfgang Schadewaldt, *Die Anfänge der Philosophie bei den Griechen*, Tübinger Vorlesungen, Frankfurt am Main, 1978, 336쪽.

22 Homer, *Ilias*, 1, 1.

23 Gisbert Greshake, *Gehen. Wege − Umwege − Kreuzwege*, Stuttgart, 2016, 52쪽.

24 Joachim Ritter, *Historisches Wörterbuch der Philosophie*, Darmstadt, 1971, Artikel "Methode".

25 C.G. Jung, *Gesammelte Werke*, 5권, Olten, 1973, 258쪽.

26 Wilhelm Pape, *Griechisch−Deutsch. Altgriechisches Wörterbuch*, 2권, 265쪽.

27 Anselm Grün, *Auf dem Wege. Zu einer Theologie des Wanderns*, Münsterschwarzach, 1983, 30쪽.

28 Novalis, *Werke in einem Band*, ausgewählt von Hans−Dietrich Dahnke, Berlin und Weimar, 1983, 279쪽.

29 Thich Nhat Hanh, *Einfach Gehen*, Müchen, 2016, 57쪽.

30 위의 책, 34쪽.

2. 건강한 몸과 마음을 얻는 길

1 독일연방경제부, 〈Grundlagenuntersu−chung Freizeit−und Urlaubsmarkt Wandern〉, Berlin, 2010, Kapitel 10 "Wandern und Gesundheit".

2 Gisbert Greshake, *Gehen. Wege − Umwege − Kreuzwege*, Stuttgart, 2016, 9쪽. 노이만과의 대화를 의미에 적절하게 수정하여 옮김.

3 *Psychologie Heute compact*, Natur und Psyche, 54호(2018), 7쪽 이하.

4 상동.

5   *Psychologie Heute compact*, Natur und Psyche, 54호(2018), 37쪽.

3. 가끔은 일상과 거리를 두는 길

1   Zhuangzi, *Das wahre Buch vom südlichen Blütenland*, Richard Wilhelm 번역, Neuausgabe Kreuzlingen/München 2006, XXIII, 3.

2   Epikur, *Von der Üerwindung der Furcht*, Müchen, 1991, 108쪽.

3   Zhuangzi, *Das wahre Buch vom südlichen Blütenland*, Richard Wilhelm 번역, Neuausgabe Kreuzlingen/München 2006, XXII, 1.

4   Johann Wolfgang von Goethe, *Sämtliche Werke nach Epo-chen seines Schaffens*, Münchner Ausgabe 2006, 17, 351쪽. (Wilhelm Meisters Wanderjahre, 1829)

5   Li Gi, *Das Buch der Riten*, Sitten und Gebräauche, Richard Wilhelm 번역, Köln, 2007, 203쪽.

6   I Ging, *Text und Materialien*, Richard Wilhelm 번역, München, 1988, 123쪽.

7   Laotse, *Tao te king*, Richard Wilhelm 번역, München, 1998, Nr. 64.

8   Michel de Montaigne, *Essais*, Auswahl und Übersetzung von Herbert Lüthy, Zürich, 1953, 658쪽.

9   1797년 10월 14일 편지, 자신을 찾는 수단으로서의 세계 도피에 관하여: Emil Ludwig, *Goethe. Geschichte eines Menschen*, Bertelsmann Lesering, Hamburg, 179쪽.

10   Emil Ludwig, *Goethe. Geschichte eines Menschen*, Bertelsmann Lesering, Hamburg, 246쪽.

11   Lutz Geldsetzer, Han-ding Hong, *Chinesische Philosophie*, Stuttgart, 2008, 112쪽 이하.

12   Lydia Brüll, *Japanische Weisheit*, Stuttgart, 1999, 172쪽.

13   Li Gi, *Das Buch der Riten, Sitten und Gebräauche*, Richard Wilhelm 번역, Köln, 2007, 201쪽.

14   I Ging, *Text und Materialien*, Richard Wilhelm 번역, München, 1988, 91쪽

이하.

15 Zhuangzi, *Das wahre Buch vom südlichen Blütenland*, Richard Wilhelm 번역, Neuausgabe Kreuzlingen/München 2006, XXVI, 9.

4. 나 자신과 마주하는 길

1 Patañjali, *Die Wurzeln des Yoga*, Bern u. a. 1993, I, 41.(70)

2 Lucius Annaeus Seneca, *Philosophische Schriften*, Wiesbaden, 2004, II, 123. (Von der Kürze des Lebens, Kap. 7)

3 다음을 참조하라. Hans Egon Gerlach und Otto Herrmann, *Goethe erzählt sein Leben*, Hamburg, 1949, 281쪽.

4 Xenophon, *Erinnerungen an Sokrates*, Reclam, 1992, 120쪽 이하.

5 위의 책, 98쪽.

6 Olaf Graf, *Kaibara Ekiken. Ein Beitrag zur japanischen Geistesgeschichte des 17. Jahrhunderts und zur chinesischen Sung-Philosophie*, Leiden, 1942, 370쪽.

7 Carlo Schmid, *Europa und die Macht des Geistes*, Zweiter Band der gesammelten Werke, Bern u. a. 1973, 324쪽.

8 Ludwig Tieck, *Franz Sternbalds Wanderungen*, Stuttgart, 1994, 78쪽 이하.

9 Joachim Ritter, *Historisches Wörterbuch der Philosophie*, Darmstadt, 1971, Artikel "Staunen, Bewunderung, Verwunderung".

10 Lucius Annaeus Seneca, *Naturales quaestiones. Naturwis-senschaftliche Untersuchungen*, Stuttgart, 1998, 6, 4.2.

11 Lin Yutang, *Weisheit des lächelnden Lebens*, Stuttgart, 1979, 384쪽.

12 *Griechische Lyrik*, Dietrich Ebener 번역 및 편집, Bayreuth, 1985, 70쪽.

13 Friedrich Nietzsche, *Werke in drei Bäden*, II, Müchen, 1973, 227쪽.

14 Zhuangzi, *Das wahre Buch vom südlichen Blütenland*, Richard Wilhelm 번역, Neuausgabe Kreuzlingen/München 2006, V, 1.

15 Epiktet, *Unterredungen und Handbüchlein der Moral*, 285쪽. (Hand-

büchlein 5)

16 Wilhelm Nestle, *Die Nachsokratiker*, II, Jena, 1923, 248.

17 Lucius Annaeus Seneca, *Philosophische Schriften*, Wiesbaden, 2004, III, 116, Brief 31.

18 Friedrich Nietzsche, *Werke in drei Bäden*, II, Müchen, 1973, 404. (Also sprach Zarathustra, 3. Teil, Der Wanderer)

19 Walther Heissig, *Wort aus tausend Jahren. Weisheit der Steppe*, Verlag der Greif, Wiesbaden, 48쪽.

20 *Deutsches Sprichwörter-Lexikon*, Darmstadt: Wissenschaftliche Buchgesellschaft, 1964.

21 Marc Aurel, *Selbstbetrachtungen*, Stuttgart, 1948, 2, 8.

22 Platon, *Des Sokrates Verteidigung*, 38A.

23 Dion Chrysostomos, in: Georg Luck, *Die Weisheit der Hunde*, Stuttgart, 1997, 340쪽.

24 Li Gi, *Das Buch der Riten, Sitten und Gebräauche*, Richard Wilhelm 번역, Köln, 2007, 55쪽 이하.

25 Friedrich Nietzsche, *Werke in drei Bäden*, II, Müchen, 1973, 403. (Also sprach Zarathustra, 3. Teil, Der Wanderer)

5. 감사하는 마음을 얻는 길

1 Homer, *Odyssee*, 18, 23 이하.

2 Will Durant, *Kulturgeschichte der Menschheit*, 25권, 8, 62.

3 Ricarda Huch, *Untergang des Römischen Reiches Deutscher Nation*, Frankfurt am Main, 1954, 218쪽 이하.

4 Jacob Burckhardt, *Kunst und Kultur der Renaissance in Italien*, Stuttgart, 1987, 329쪽.

5 Johann Wolfgang von Goethe, *Sämtliche Werke nach Epo-chen seines Schaffens*, Münchner Ausgabe 2006, 17, 490쪽. (Wilhelm Meisters Wander-

jahre, 1829, 2. Buch, 10. Kap.)

6   Schopenhauer, *Die Welt als Wille und Vorstellung*, 3권, 39쪽.

7   Wilhelm Nestle, *Griechische Lebensweisheit*, 2. Auflage, Stuttgart, 1944, 27쪽.

8   Kaibara Ekiken, *The Way of Contentment*, Ken Hoshino 번역, London, 1913, 31쪽.

9   Jean-Jacques Rousseau, *Schriften*, 2권, Frankfurt am Main, 1988, 724쪽.

10   위의 책, 718쪽.

11   다음에서 인용. Kaibara Ekiken, *The Way of Contentment*, Ken Hoshino 번역, London, 1913, 49쪽.

12   *Deutsches Sprichwörter-Lexikon*, Darmstadt: Wissenschaftliche Buchgesellschaft, 1964.

13   Friedrich Wilhelm von Bissing, *Ägyptische Lebensweisheit*, Zürich, 1955, 45쪽.

14   *Liederdichtung und Spruchweisheit der alten Hellenen*, Berlin und Stuttgart, 87쪽.

15   Kungfutse, *Schulgespräche*, Richard Wilhelm 번역, Düsseldorf, Köln, 1961, 2, 1.

16   Wilhelm Capelle, *Die Vorsokratiker*, Stuttgart, 1968, 66쪽.

17   Mong Dsi, Jena 1916, III B 1. 이 부분에 대한 Richard Wilhelm의 해석이다.

18   Wilhelm Nestle, *Die Nachsokratiker*, II, Jena, 1923, 90.

19   *Mahavagga*, V, 1, 15 이하. 다음에서 재인용 Hermann Oldenburg, *Buddha. Sein Leben. Seine Lehre. Seine Gemeinde*, Magnus Verlag, Stuttgart, 201쪽.

20   *Bhagavadgita*, Stuttgart, 1955, 2, 47 이하.

21   Kungfutse, *Schulgespräche*, Richard Wilhelm 번역, Düsseldorf, Köln, 1961, 15, 8.

22   Ernst Schwarz, *So sprach der Weise, Chinesisches Gedanken-gut aus drei Jahrtausenden*, Berlin, 1981, 200쪽.

23   다음을 참조하라. Konfuzius, *Gespräche*, I, 10. (Ü. Wilhelm)

24 Lydia Brüll, *Japanische Weisheit*, Stuttgart, 1999, 261쪽.

25 Kungfutse, *Schulgespräche*, Richard Wilhelm 번역, Düsseldorf, Köln, 1961, 20, 2.

26 위의 책, 15, 8.

27 로마 시인 테렌티우스에게서 인용. 이 유명한 말은 아마도 그리스 극작가 메난드로스에게서 연유했던 듯하다. 다음을 참조하라. *Liederdichtung und Spruchweisheit der Alten Hellenen*, Berlin und Stuttgart, 505쪽, Wilhelm Nestle, *Griechische Lebensweisheit*, 2. Auflage, Stuttgart, 1944, 239쪽.

6. 적절한 정도를 찾는 길

1 Horst Rüdiger, *Griechische Lyriker*, Gütersloh, 1967, 164쪽.

2 Wilhelm Capelle, *Die Vorsokratiker*, Stuttgart, 1968, 444쪽.

3 상동.

4 Friedrich Wilhelm von Bissing, *Ägyptische Lebensweisheit*, Zürich, 1955, 93쪽 이하.

5 Laotse, *Tao te king*, Richard Wilhelm 번역, München, 1998, Nr. 77.

6 Lydia Brüll, *Japanische Weisheit*, Stuttgart, 1999, 136쪽.

7 Kungfutse, *Schulgespräche*, Richard Wilhelm 번역, Düsseldorf, Köln, 1961, 7, 7.

8 Ernst Schwarz, *So sprach der Weise, Chinesisches Gedanken-gut aus drei Jahrtausenden*, Berlin, 1981, 236쪽.

9 *Dhammapada*, Utten-bühl, 1995, 7.

10 Adolf Ehrmann, *Die Literatur der Ägypter*, Leipzig, 1923, 167쪽.

11 Ernst Schwarz, *So sprach der Weise, Chinesisches Gedanken-gut aus drei Jahrtausenden*, Berlin, 1981, 236쪽.

12 Konfuzius, *Gespräche*, Ralf Moritz 번역, Reclam, Ditzingen, 2005, VI, 29.

13 Ernst Schwarz, *So sprach der Weise, Chinesisches Gedanken-gut aus drei Jahrtausenden*, Berlin, 1981, 305쪽.

14 Li Gi, *Das Buch der Riten, Sitten und Gebräauche*, Richard Wilhelm 번역, Köln, 2007, 134쪽.

15 Plutarch, *Lebensklugheit und Charakter*, "Moralia"에서 발췌, Leipzig, 1979, 271쪽 이하.

16 Konfuzius, *Gespräche*, Ralf Moritz 번역, Reclam, Ditzingen, 2005, VII, 33.

7. 자연을 즐기며 걷는 길

1 Lydia Brüll, *Japanische Weisheit*, Stuttgart, 1999, 27쪽.

2 Wilhelm Nestle, *Die Nachsokratiker*, II, Jena, 1923, 56.

3 Marcus Tullius Cicero, *Gespräche in Tusculum*, München, 1991, IV, 70 이하.

4 Thomas Mann, in: *Über Arthur Schopenhauer*, 3. Auflage, Zürich, 1981, 102쪽.

5 Walter F. Otto, *Die Götter Griechenlands*, Frankfurt a.M. 1947, 80쪽.

6 위의 책, 81쪽.

7 위의 책, 78쪽.

8 *Upanischaden*, 478/383쪽, Heinrich Zimmer, *Philosophie und Religion Indiens*, Frankfurt am Main, 1973, 118쪽 이하.

9 Lin Yutang, *Weisheit des lächelnden Lebens*, Stuttgart, 1979, 398쪽.

10 Walter F. Otto, *Die Götter Griechenlands*, Frankfurt a.M. 1947, 115쪽 이하 및 125쪽.

11 Max Pohlenz, *Der hellenische Mensch*, Göttingen, 49쪽.

12 Lucius Annaeus Seneca, *Philosophische Schriften*, Manfred Rosenbach 번역, Darmstadt, 1995, IV, 7,1 und IV, 8,2.

13 Marc Aurel, *Selbstbetrachtungen*, Stuttgart, 1948, 4, 3.

14 Musô Soseki, 다음에서 인용 Lydia Brüll, *Japanische Weisheit*, Stuttgart, 1999, 41쪽.

15 Walter F. Otto, *Die Götter Griechenlands*, Frankfurt a.M. 1947, 66쪽.

16 Lucius Annaeus Seneca, *Philosophische Schriften*, Wiesbaden, 2004, IV, 86. Brief 90.

17 Werner Jaeger, *Paideia: Die Formung des griechischen Menschen*, 2권, Berlin und Leipzig, 1934, 122쪽.

18 Wilhelm Nestle, *Die Vorsokratiker*, Düsseldorf-Köln, 1978, 104쪽.

19 Wilhelm Capelle, *Die Vorsokratiker*, Stuttgart, 1968, 442쪽 이하.

20 Platon, *Phaidros*, 279A/B.

21 Werner Jaeger, *Paideia: Die Formung des griechischen Menschen*, 3권, Berlin und Leipzig, 1934, 306쪽.

22 Li Gi, *Das Buch der Riten, Sitten und Gebräuche*, Richard Wilhelm 번역, Köln, 2007, 49쪽.

23 Ernst Schwarz, *So sprach der Weise, Chinesisches Gedanken-gut aus drei Jahrtausenden*, Berlin, 1981, 337쪽. 다음을 참조하라. *Das Buch der Riten, Sitten und Gebräuche*, 32쪽 이하.

24 Laotse, Nr. 25, Hermann Keyserling 번역, *Das Reisetagebuch eines Philosophen*, 2권, Darmstadt, 1921, 488쪽.

25 Diels/Kranz, *Die Fragmente der Vorsokratiker*, 6. Auflage, Berlin, 1952, 112편. 다음에서 재인용 Hölscher, *Heraklit über göttliche und menschliche Weisheit*, in: Aleida Assmann, *Weisheit. Archäologie der literarischen Kommunikation III*, München, 1991, 78쪽 이하.

26 Lucius Annaeus Seneca, *Philosophische Schriften*, Wiesbaden, 2004, III, 15 이하. (Briefe an Lucilius, Nr. 7)

27 Jean-Jacques Rousseau, *Schriften*, 2권, Frankfurt am Main, 1988, 755쪽.

28 위의 책, 741쪽.

29 위의 책, 759쪽.

8. 안온한 내면에 이르는 길

1 Lydia Brüll, *Japanische Weisheit*, Stuttgart, 1999, 186쪽.

2   Schopenhauer, *Über Arthur Schopenhauer*, 3. Auflage, Zürich, 1981, 101쪽.

3   Heinrich Zimmer, *Philosophie und Religion Indiens*, Frankfurt am Main, 1973, 26쪽 이하.

4   Zhuangzi, *Das wahre Buch vom südlichen Blütenland*, Richard Wilhelm 번역, Neuausgabe Kreuzlingen/München 2006, I, 1.

5   Friedrich Nietzsche, *Werke in drei Bäden*, II, Müchen, 1973, 404. (Also sprach Zarathustra, 3. Teil, Der Wanderer)

9. 더 큰 기쁨에 다다르는 길

1   Lydia Brüll, *Japanische Weisheit*, Stuttgart, 1999, 52쪽.

2   Kaibara Ekiken, *The Way of Contentment*, Ken Hoshino 번역, London, 1913, 39쪽 이하.

3   Lehre des Papyrus Chester Beatty, IV, aufgeschrieben zur Ramessidenzeit (13.-12. Jh. v. Chr.), Hellmut Brunner, *Die Weisheitsbücher der Ägypter. Lehren für das Leben*, Düsseldorf/Zürich, 1991, 229쪽.

4   Zhuangzi, *Das wahre Buch vom südlichen Blütenland*, Richard Wilhelm 번역, Neuausgabe Kreuzlingen/München 2006, V, 4.

5   Lucius Annaeus Seneca, *Philosophische Schriften*, Wiesbaden, 2004, III, 59, Brief 17.

6   *Upanischaden*, 330/256쪽. (Maha-Narayana, 63, 4 이하)

7   Liä Dsi, *Das wahre Buch vom quellenden Urgrund*, Richard Wilhelm 번역, Düsseldorf, 1968, VI, 5.

8   Epikur, *Von der Üerwindung der Furcht*, Müchen, 1991, 102쪽 이하.

9   Ernst Schwarz, *So sprach der Weise, Chinesisches Gedanken-gut aus drei Jahrtausenden*, Berlin, 1981, 334쪽 이하.

10   Lydia Brüll, *Japanische Weisheit*, Stuttgart, 1999, 243쪽.

1   Kaibara Ekiken, *The Way of Contentment*, Ken Hoshino 번역, London, 1913, 42쪽.

2   *Maitri-Up*, 6권, 34.3. 다음에서 재인용 *Upanischaden*, München, 2008, 414쪽.

3   Wilhelm Nestle, *Die Nachsokratiker*, II, Jena, 1923, 203.

4   Kungfutse, *Schulgespräche*, Richard Wilhelm 번역, Düsseldorf, Köln, 1961, 15, 6.

5   다음에서 인용. Max Pohlenz, *Der hellenische Mensch*, Göttingen, 361쪽.

6   *Bhagavadgita*, Stuttgart, 1955, 2, 55.

7   Zhuangzi, *Das wahre Buch vom südlichen Blütenland*, Richard Wilhelm 번역, Neuausgabe Kreuzlingen/München 2006, XXIV, 11.

8   Max Pohlenz, *Die Stoa*, 1권, 4. Auflage, Göttingen, 1970, 116쪽 이하.

9   Oikeiosis-Lehre: dazu Diogenes Laertios, VII, 85-87, Cicero, *De finibus bonorum et malorum*, Stuttgart, 1989, III, 16. *Wörterbuch der antiken Philosophie*, München, 2002, 304쪽 이하.

10   Lucius Annaeus Seneca, *Philosophische Schriften*, Wiesbaden, 2004, III, 116, Brief 31.

11   Homer, *Odyssee*, 1. Gesang, Vers 32 이하.

12   Diels/Kranz, *Die Fragmente der Vorsokratiker*, 6. Auflage, Berlin, 1952, 119편.

13   다음에서 인용. https://www.aphorismen.de/zitat/65276

14   Viktor E. Frankl, *Psychotherapie für den Laien: Rundfunkvorträge über Seelenheilkunde*, 9. Auflage, Freiburg i.Br. 1981, 156쪽.

15   Friedrich Wilhelm von Bissing, *Ägyptische Lebensweisheit*, Zürich, 1955, 91쪽.

16   위의 책, 94쪽.

17   상동.

18   Lydia Brüll, *Japanische Weisheit*, Stuttgart, 1999, 233쪽.

19 Marcus Tullius Cicero, *Gespräche in Tusculum*, München, 1991, V, 47.

20 Lucius Annaeus Seneca, *Philosophische Schriften*, Wiesbaden, 2004, III, 276, Brief 70.

21 *Brihadaranyaka-Up*, 4, 5권, Eknath Easwaran이 소개 및 번역, München, 2008.

22 Werner Jaeger, *Paideia: Die Formung des griechischen Menschen*, 3권, Berlin und Leipzig, 1934, 42쪽.

23 Kaibara Ekiken, *The Way of Contentment*, Ken Hoshino 번역, London, 1913, 51쪽.

24 Kaibara Ekiken, *Regeln zur Lebenspflege(Yōjōkun)*, München, 2010, 193쪽.

11. 삶의 단순함을 깨닫는 길

1 Zhuangzi, *Das wahre Buch vom südlichen Blütenland*, Richard Wilhelm 번역, Neuausgabe Kreuzlingen/München 2006, VII, 16.

2 Epikur, *Von der Üerwindung der Furcht*, Müchen, 1991, 108쪽.

3 Hesiod, *Werke und Tage*, Wiesbaden, 1947, 289쪽 이하.

4 1811년 하르츠 여행 중의 쇼펜하우어. 다음에서 인용. Rüdiger Safranski, *Schopenhauer und die wilden Jahre der Philosophie*, München, 1987, 161쪽.

5 Lucius Annaeus Seneca, *Philosophische Schriften*, Manfred Rosenbach 번역, Darmstadt, 1995, Briefe an Lucilius, 6, 1 이하.

6 Li Gi, *Das Buch der Riten, Sitten und Gebräauche*, Richard Wilhelm 번역, Köln, 2007, 34쪽.

7 위의 책, 120쪽.

8 Alexander Demandt, *Zeit und Unzeit: Geschichtsphilosophische Essays*, Köln, Weimar, Wien, 2002, 5쪽. 알렉산더 데만트 지음, 이덕임 옮김, 《시간의 탄생》, 북라이프, 2018.

9 Aristoteles, *Eudemische Ethik*, II, Berlin, 1962, 2 1220b1 이하.

10 Lucius Annaeus Seneca, *Philosophische Schriften*, Wiesbaden, 2004, IV, 138, Brief 94.

11 다음에서 인용. Max Pohlenz, *Die Stoa*, 1권, 4. Auflage, Göttingen, 1970, 305쪽.

12 Platon, *Der Staat*, 395쪽.

13 Georg Luck, *Die Weisheit der Hunde*, Stuttgart, 1997, 368쪽.

14 Walther Heissig, *Wort aus tausend Jahren: Weisheit der Steppe*, Verlag der Greif, Wiesbaden, 44쪽.

15 위의 책, 50쪽.

16 I Ging, *Text und Materialien*, Richard Wilhelm 번역, München, 1988, 265 쪽 이하.

17 Georg Luck, *Die Weisheit der Hunde*, Stuttgart, 1997, 214쪽.

18 다음에서 인용. Konfuzius, *Gespräche in der Morgenstille*, Zürich, 1964.

19 Li Gi, *Das Buch der Riten, Sitten und Gebräuche*, Richard Wilhelm 번역, Köln, 2007, 211쪽.

20 Horaz, *Sämtliche Werke: Lateinisch – Deutsch*, 2권, München, 1957, in einem, Briefe, Buch 1, 1.

21 Kaibara Ekiken, *Regeln zur Lebenspflege(Yōjōkun)*, München, 2010, 75쪽.

22 Konfuzius, *Gespräche*, I, 10. (Ü. Wilhelm) 다음도 참조하라. *Das Buch der Riten, Sitten und Gebräuche*, 52쪽.

23 Konfuzius, *Gespräche*, Ralf Moritz 번역, Reclam, Ditzingen, 2005, VI, 9.

24 Zitiert nach Karl August Fritz, *Weisheiten der Völker*, Köln, 2003, 334쪽.

25 Teles und Musonius Epiktet, *Wege zum glückseligen Leben*, Zürich, 1948, 272쪽 이하.

26 Lucius Annaeus Seneca, *Sämtliche Tragödien*, 2권, 2. Auflage, Zürich, 1978.

27 Ernst Schwarz, *So sprach der Weise, Chinesisches Gedanken-gut aus drei Jahrtausenden*, Berlin, 1981, 296쪽.

28 Lydia Brüll, *Japanische Weisheit*, Stuttgart, 1999, 51쪽.

29 Max Pohlenz, *Der hellenische Mensch*, Göttingen, 94쪽 이하.

30 Zhuangzi, *Das wahre Buch vom südlichen Blütenland*, Richard Wilhelm 번역, Neuausgabe Kreuzlingen/München 2006, XX, 2.

31 Diels/Kranz, *Die Fragmente der Vorsokratiker*, 6. Auflage, Berlin, 1952, Fr. 23 B 24.

32 Epikur, *Von der Üerwindung der Furcht*, Müchen, 1991, 61쪽, 120쪽.

33 Kaibara Ekiken, *The Way of Contentment*, Ken Hoshino 번역, London, 1913, 40쪽.

34 Hermann Hesse, *Die Gedichte*, Frankfurt am Main, 1992, 209쪽.

12. 침착성과 참을성을 배우는 길

1 Johann Wolfgang von Goethe, *Sämtliche Werke nach Epo-chen seines Schaffens*, Münchner Ausgabe 2006, 17, 238쪽. (Wilhelm Meisters Wanderjahre)

2 Lin Yutang, *Weisheit des lächelnden Lebens*, Stuttgart 1979, 386쪽, 389쪽

3 Zhuangzi, *Das wahre Buch vom südlichen Blütenland*, Richard Wilhelm 번역, Neuausgabe Kreuzlingen/München 2006, VI, 1.

4 위의 책, 3.

5 Li Gi, *Das Buch der Riten, Sitten und Gebräauche*, Richard Wilhelm 번역, Köln, 2007, 374쪽.

6 Emil Ludwig, *Goethe. Geschichte eines Menschen*, Bertelsmann Lesering, Hamburg, 116쪽.

7 Martin Heidegger, 〈Gelassenheit, Pfullingen〉, 1959, 15쪽, 24쪽, 32쪽 이하.

8 위의 자료, 18쪽.

9 Marc Aurel, *Selbstbetrachtungen*, Stuttgart, 1948, 5, 16.

10 Lucius Annaeus Seneca, *Philosophische Schriften*, Wiesbaden, 2004, II, 90 이하.

11 Hellmut Brunner, *Die Weisheitsbücher der Ägypter. Lehren für das Leben*,

Düsseldorf/Zürich, 1991, 382쪽.

12 *Deutsches Sprichwörter-Lexikon*, Darmstadt: Wissenschaftliche Buchge-
    sellschaft, 1964.

13 Marc Aurel, *Selbstbetrachtungen*, Stuttgart, 1948, 10, 14.

14 Wilhelm Nestle, *Griechische Lebensweisheit*, 2. Auflage, Stuttgart, 1944, 28
    쪽. 다음을 참조하라. Homer, *Odyssee*, 20, 18. Homer, Ilias, 5, 382.

15 다음에서 인용. Wilhelm Nestle, *Griechische Lebensweisheit*, 2. Auflage,
    Stuttgart, 1944, 34쪽.

16 Xenophon, *Erinnerungen an Sokrates*, Reclam, 1992, 12쪽.

17 Platon, *Der Staat*, 604 C.

18 Kungfutse, *Schulgespräche*, Richard Wilhelm 번역, Düsseldorf, Köln, 1961,
    14, 3.

19 Lucius Annaeus Seneca, *Philosophische Schriften*, Wiesbaden, 2004, I,
    181.

20 Teles und Musonius Epiktet, *Wege zum glückseligen Leben*, Zürich, 1948,
    269쪽.

21 Lehre des Papyrus Chester Beatty, IV, aufgeschrieben zur Ramessidenzeit
    (13. - 12. Jh. v. Chr.), Hellmut Brunner, *Die Weisheitsbücher der Ägypter.*
    Lehren für das Leben, Düsseldorf/Zürich, 1991, 227쪽.

22 Lucius Annaeus Seneca, *Philosophische Schriften*, Wiesbaden, 2004, I,
    110.

23 Lucius Annaeus Seneca, *Philosophische Schriften*, Wiesbaden, 2004, III,
    353, Brief 81.

24 Marcus Tullius Cicero, *Gespräche in Tusculum*, München, 1991, IV, 62 이
    하.

25 Teles und Musonius Epiktet, *Wege zum glückseligen Leben*, Zürich, 1948,
    121쪽.

26 Kaibara Ekiken, *The Way of Contentment*, Ken Hoshino 번역, London,
    1913, 33쪽.

13. 무상을 받아들이는 길

1 Heinrich Zimmer, *Philosophie und Religion Indiens*, Frankfurt am Main, 1973, 177쪽.

2 다음에서 재인용. Eknath Easwaran, 180쪽.

3 Heinrich Zimmer, *Mythen und Symbole in indischer Kunst und Kultur*, in: *Gesammelte Werke*, 1권, Zürich, 1951, 12쪽.

4 그리스어로 "brotos" 혹은 "thnetos".

5 Irvin D. Yalom, *In die Sonne schauen: Wie man die Angst vor dem Tod überwindet*, 7. Auflage, München, 2008, 40쪽.

6 Lucius Annaeus Seneca, *Philosophische Schriften*, Wiesbaden, 2004, IV, 130, Brief 94.

7 Lucius Annaeus Seneca, *Philosophische Schriften*, Wiesbaden, 2004, I, 240.

8 Lucius Annaeus Seneca, *Philosophische Schriften*, Wiesbaden, 2004, II, 213.

9 Lukrez, *Vom Wesen des Weltalls*, Berlin und Weimar, 1994, I, 626.

10 Liä Dsi, *Das wahre Buch vom quellenden Urgrund*, Richard Wilhelm 번역, Düsseldorf, 1968, 132쪽 이하. (VII, 12)

11 Ernst Schwarz, *So sprach der Weise. Chinesisches Gedanken-gut aus drei Jahrtausenden*, Berlin, 1981, 291쪽 이하.

12 Friedrich Wilhelm von Bissing, *Ägyptische Lebensweisheit*, Zürich, 1955, 141쪽.

13 Liä Dsi, *Das wahre Buch vom quellenden Urgrund*, Richard Wilhelm 번역, Düsseldorf, 1968, 133쪽. (VII, 13)

14 Horst Rüdiger, *Griechische Lyriker*, Gütersloh, 1967, 154쪽.

15 Wilhelm Nestle, *Griechische Lebensweisheit*, 2. Auflage, Stuttgart, 1944, 38쪽.

16 Werner Jaeger, *Paideia: Die Formung des griechischen Menschen*, 1권, Berlin und Leipzig, 1934, 246쪽.

17 위의 책, 248쪽.

18 Will Durant, *Kulturgeschichte der Menschheit*, 25권, 1, 396.

19 Ludwig Friedländer, *Der Philosoph Seneca*, in: Maurach (Hrsg.), Seneca als Philosoph, Darmstadt, 1975, 145쪽.

20 Epikur, *Von der Üerwindung der Furcht*, Müchen, 1991, 101쪽.

21 *Upanischaden*, 347/271쪽. (*Kathaka-Up*, 1, 26 – 28)

22 Shankara, *Das Kleinod der Unterscheidung*, Bern u. a. 1981, 90쪽.

23 Georg Luck, *Die Weisheit der Hunde*, Stuttgart, 1997, 94쪽 이하.

24 1780년 9월 6일 샬롯 폰 슈타인에게 보낸 괴테의 편지, München, 1988, I, 314.

25 *Goethes Gespräche(Biedermannsche Ausgabe)*, Zürich, 1969, III, 2, 811. (Nr. 6896)

26 Friedrich Nietzsche, *Werke in drei Bäden*, II, Müchen, 1973, 558. (Also sprach Zarathustra, 4. Teil, Das trunkene Lied 12)

27 Zhuangzi, *Das wahre Buch vom südlichen Blütenland*, Richard Wilhelm 번역, Neuausgabe Kreuzlingen/München 2006, XIV, 5.

28 Georg Luck, *Die Weisheit der Hunde*, Stuttgart, 1997, 190쪽.

29 Epiktet, *Unterredungen und Handbüchlein der Moral*, III, 23. 다음에서 재인용. Luc Ferry, *Leben lernen: Eine philosophische Gebrauchsanweisung*, München, 2006, 62쪽 이하.

30 Thich Nhat Hanh, *Das Herz von Buddhas Lehre: Leiden verwandeln-die Praxis des glücklichen Lebens*, 3. Auflage, Freiburg i.Br. 1999, 112쪽 이하.

31 Demokrit, *Fragmente zur Ethik*, Stuttgart, 2007, 29쪽, 285편.

32 Etwa Epikur, 101쪽 이하.

33 Ernst Schwarz, *So sprach der Weise, Chinesisches Gedanken-gut aus drei Jahrtausenden*, Berlin, 1981, 249쪽.

34 Platon, *Philebos*, 55.

35 Wilhelm Nestle, *Die Vorsokratiker*, Düsseldorf-Köln, 1978, 158쪽.

14. 다른 모든 존재를 사랑하는 길

1   Aristoteles, *Politik*, München, 1973, I, 2.

2   Li Gi, *Das Buch der Riten, Sitten und Gebräuche*, Richard Wilhelm 번역, Köln, 2007, 260쪽.

3   Lucius Annaeus Seneca, *Philosophische Schriften*, Wiesbaden, 2004, III, 163, Brief 48.

4   Konfuzius, XII, 22.

5   Mong, VII A 21.

6   Konfuzius, *Gespräche*, Ralf Moritz 번역, Reclam, Ditzingen, 2005, VI, 28.

7   Li Gi, *Das Buch der Riten, Sitten und Gebräuche*, Richard Wilhelm 해석, Köln, 2007, 41쪽.

8   Wilhelm Nestle, *Die Nachsokratiker*, II, Jena, 1923, 86.

9   Wilhelm Nestle, *Die Vorsokratiker*, Düsseldorf-Köln, 1978, 167쪽.

10 Li Gi, *Das Buch der Riten, Sitten und Gebräuche*, Richard Wilhelm 해석, Köln, 2007, 54쪽 이하.

11 Johann Wolfgang von Goethe, *Sämtliche Werke nach Epo-chen seines Schaffens*, Münchner Ausgabe 2006, 6.1, 98쪽.

12 Max Pohlenz, *Der hellenische Mensch*, Göttingen, 57쪽.

옮긴이 유영미

연세 대학교 독문과와 동 대학원을 졸업한 뒤 전문번역가로 활동하고 있다. 《창조적 사고의 놀라운 역사》, 《100개의 미생물, 우주와 만나다》, 《매일 읽는 헤르만 헤세》, 《불안에 대처하는 법》 등 인문, 과학, 문학 분야 다수의 책을 우리말로 옮겼다.

철학자의 걷기 수업

두 발로 다다르는 행복에 대하여

첫판 1쇄 펴낸날 2023년 5월 11일
5쇄 펴낸날 2024년 6월 28일

지은이 알베르트 키츨러
옮긴이 유영미
발행인 김혜경
편집인 김수진
책임편집 김유진
편집기획 김교석 조한나 유승연 문해림 곽세라 전하연 박혜인 조정현
디자인 한승연 성윤정
경영지원국 안정숙
마케팅 문창운 백윤진 박희원
회계 임옥희 양여진 김주연

펴낸곳 (주)도서출판 푸른숲
출판등록 2003년 12월 17일 제2003-000032호
주소 서울특별시 마포구 토정로 35-1 2층, 우편번호 04083
전화 02)6392-7871, 2(마케팅부), 02)6392-7873(편집부)
팩스 02)6392-7875
홈페이지 www.prunsoop.co.kr
페이스북 www.facebook.com/prunsoop   인스타그램 @prunsoop

ⓒ푸른숲, 2023
ISBN 979-11-5675-414-5 (03100)